AF275222

COLEX

GRACIAS POR CONFIAR EN COLEX

Disfrute gratuitamente DURANTE UN AÑO de los eBook, audiolibros y Colex Copilot de las obras de Editorial Colex*

ACTIVA TU CÓDIGO PARA ACCEDER A LOS SERVICIOS

1. Accede a **www.colex.es**.

2. Inicia sesión o regístrate como usuario.

3. Dirígete al menú de usuario y haz clic en **«Mis códigos»**.

4. Introduce el siguiente código **(RASCA PARA VER EL CÓDIGO)**:

♦ Una vez se valide el código, aparecerá una ventana de confirmación y su eBook / audiolibro / Colex copilot estarán activos **durante 1 año desde su activación** en la pestaña «Mis libros» en el menú de usuario.

* Los audiolibros están disponibles en las ediciones más recientes de nuestras obras. Se excluyen expresamente las colecciones «Códigos comentados», «Biblioteca digital» y los productos de www.vademecumlegal.es. Colex Copilot únicamente está disponible en las ediciones más recientes de las colecciones «Paso a paso» y «Vademecum».

No se admitirá la devolución si el código promocional ha sido manipulado y/o utilizado.

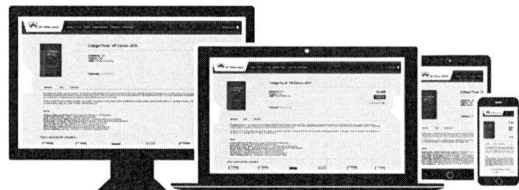

¡Gracias por confiar en nosotros!

La obra que acaba de adquirir incluye de forma gratuita la versión electrónica.

Acceda a nuestra página web para aprovechar todas las funcionalidades de las que dispone en nuestro lector.

Funcionalidades eBook

Acceso desde cualquier dispositivo con conexión a internet

Idéntica visualización a la edición de papel

Navegación intuitiva

Tamaño del texto adaptable

Síguenos en:

NUEVA FUNCIONALIDAD CON INTELIGENCIA ARTIFICIAL EN LOS LIBROS DE COLEX

| Una cortesía de Iberley.es |

En Colex damos un paso más en innovación jurídica. Desde ahora, las guías «Paso a paso» y los «Vademecum» incorporan una nueva funcionalidad basada en **inteligencia artificial**, gracias a la tecnología de **Iberley IA**.

El lector podrá interactuar directamente con el contenido del libro de forma inmediata, útil y centrada exclusivamente en su materia.

☑ **¿Qué puede hacer el usuario en el libro?**

- Realizar preguntas sobre el contenido del libro.
- Solicitar explicaciones de artículos, conceptos o normativa.
- Utilizar un ChatBot inteligente, contextualizado y acoplado al contenido legal del libro.
- Resolver dudas puntuales mientras se estudia o trabaja con la obra.

☒ **¿Qué no puede hacer esta versión del ChatBot?**

- ✗ No permite generar escritos jurídicos.
- ✗ No analiza ni responde documentos externos.
- ✗ No responde a consultas de otras materias distintas a la del libro.

Esta herramienta está pensada para enriquecer la experiencia de lectura y consulta del libro. Su uso es exclusivo sobre su contenido.

¿QUIERES IR MÁS ALLÁ? DESCUBRE IBERLEY IA

Si necesitas una **solución avanzada de inteligencia legal**, con cobertura total de materias y documentos, entra en **www.iberley.es** y accede a todas las funcionalidades profesionales:

CUADRO SIMBÓLICO DE FUNCIONALIDADES		
Funcionalidad	**En los libros Colex**	**En Iberley.es**
Preguntar sobre el contenido del libro	✓	✓
Solicitar explicaciones jurídicas	✓	✓
ChatBot integrado al contenido del libro	✓	✓
Consultas sobre otras materias	✗	✓
Análisis de documentos externos	✗	✓
Generación de escritos jurídicos	✗	✓
Traducción jurídica	✗	✓
Informes y resúmenes legales automáticos	✗	✓
Contratos, guías prácticas y emails para clientes	✗	✓
Estrategias judiciales y jurisprudencia instantánea	✗	✓

LA CORRUPCIÓN Y SUS DELITOS

Análisis de los diferentes delitos de
corrupción en la Administración pública

LA CORRUPCIÓN Y SUS DELITOS

Análisis de los diferentes delitos de
corrupción en la Administración pública

EDICIÓN 2026

**Obra realizada por el Departamento de
Documentación de Iberley**

COLEX 2026

© Editorial Colex, S.L.
Calle Costa Rica, número 5, 3.º B (local comercial)
A Coruña, 15004, A Coruña (Galicia)
info@colex.es
www.colex.es

I.S.B.N.: 979-13-7011-540-1
Depósito legal: C 40-2026

SUMARIO

ANEXO I.
CASOS PRÁCTICOS

ANEXO II.
FORMULARIOS

0.
INTRODUCCIÓN

La tutela penal frente a las conductas corruptas

La corrupción constituye uno de los fenómenos delictivos que generan un mayor impacto sobre el funcionamiento del Estado social y democrático de Derecho, ya que estas conductas socavan los principios de legalidad, imparcialidad, transparencia y confianza ciudadana en las instituciones públicas y en el correcto desarrollo de la actividad económica. El Derecho penal español, consciente de esta especial lesividad, ha ido configurando un conjunto amplio y técnicamente complejo de tipos penales destinados a prevenir, sancionar y remitir las diferentes y variadas manifestaciones de la corrupción, tanto en el ámbito público como en el privado.

Los delitos relativos a la corrupción constituyen un conjunto heterogéneo de figuras penales que, aun presentando estructuras típicas diversas, comparten un mismo denominador común: la quiebra de los deberes de legalidad, lealtad y probidad que deben regir la actuación de quienes intervienen en la gestión de intereses públicos o en el desarrollo de la actividad económica. El estudio de estos delitos exige, por tanto, una aproximación sistemática que permita identificar sus elementos comunes y, al mismo tiempo, delimitar con precisión los rasgos específicos de cada tipo penal.

El Código Penal recoge los delitos de corrupción de forma dispersa a lo largo de distintos títulos, lo que requiere un análisis ordenado atendiendo a la naturaleza del bien jurídico protegido, a la condición del sujeto activo (en especial autoridad y funcionario público) y a las diferentes modalidades de conducta típica.

En los siguientes puntos de esta obra se analizarán figuras relevantes como el delito de cohecho, la corrupción en los negocios, el blanqueo de capitales, la malversación, la prevaricación y el tráfico de influencias, entre otros delitos, analizando aquellas conductas que, aun no estando tradicionalmente encuadradas bajo una única rúbrica, son esenciales para comprender los fenómenos de la corrupción desde una perspectiva penal integral.

1.
COHECHO

La corrupción en la función pública: análisis del cohecho en el Código Penal

El cohecho es una de las principales manifestaciones de la **corrupción pública**, consistente en la corrupción mediante entrega, solicitud o aceptación de dádivas o ventajas indebidas por parte de autoridades o funcionarios públicos, o de quienes intervienen en funciones públicas, a cambio de realizar, omitir o retrasar actos relacionados con su cargo.

Así pues, nuestro Código Penal regula el cohecho en los artículos 419 del Código Penal al artículo 427 bis del Código Penal.

|| El bien jurídico protegido en el delito de cohecho

El **bien jurídico protegido** es la **imparcialidad y la objetividad de la Administración Pública**, así como, de manera indirecta, la confianza de los ciudadanos en el ejercicio íntegro de la función pública.

> **JURISPRUDENCIA**
>
> **Sentencia del Tribunal Supremo n.º 78/2023, de 9 de febrero, ECLI:ES:TS:2023:391**
>
> *«El delito de cohecho protege ante todo el **prestigio y eficacia de la Administración Pública**, garantizando la probidad e imparcialidad de sus funcionarios y asimismo la eficacia del servicio público encomendado a estos (STS. 27.10.2006.). Se trata, pues, de un delito con el que se trata de asegurar no solo la función pública, sino también de garantizar la incolumidad del prestigio de esta función y de los funcionarios que la desempeñan, a quienes hay que mantener a salvo de cualquier injusta sospecha de actuación venal».*
>
> *«Desde esta perspectiva se puede afirmar que la finalidad perseguida por el legislador al tipificar las diferentes conductas es atender no solo la tutela del **principio de imparcialidad en el ejercicio de las funciones públicas**, que es común a todas las modalidades del cohecho, sino también a la defensa del **principio de legalidad en la actuación administrativa**».*

1.1. Sujeto activo y sujeto pasivo

Sujetos del delito de cohecho

El principal **sujeto activo** del delito de cohecho es la **autoridad o funcionario público**, conforme a la definición proporcionada por el artículo 24 del Código Penal:

- **Autoridad**: a efectos penales, será aquella persona que ejerce **mando o jurisdicción propia**, ya sea individualmente o como miembro de una corporación, tribunal u órgano colegiado. Siempre se considerarán como autoridad a:

  1. Miembros del Congreso de los Diputados.

  2. Miembros del Senado.

  3. Miembros de las Asambleas Legislativas de las CC. AA.

  4. Miembros del Parlamento Europeo.

  5. Funcionarios del Ministerio Fiscal.

  6. Fiscales de la Fiscalía Europea.

- **Funcionario público**: a efectos penales, será aquella persona que participe en el **ejercicio de funciones públicas**, ya sea por disposición inmediata de la ley, por elección o por nombramiento de autoridad competente.

La sentencia del Tribunal Supremo n.º 1103/2024, de 29 de noviembre, ECLI:ES:TS:2024:5977, establece que el concepto de funcionario público abarca tanto a **funcionarios de carrera como interinos, contratados temporales o personal de entidades públicas**, incluidas aquellas con personalidad jurídica propia (como empresas públicas o entes institucionales), siempre que realicen actividades vinculadas a un interés público. Además, añade que, para determinar esta condición no importan factores como la forma de acceso al puesto, el tipo de contratación, la retribución, la permanencia o el estatuto administrativo. Lo decisivo es la **participación efectiva en funciones públicas**, entendidas en sentido amplio (estatales, autonómicas, locales o institucionales).

La razón de este criterio amplio es la intención de proteger adecuadamente la función pública, su integridad y el correcto funcionamiento de la misma frente a conductas delictivas, tanto cometidas por quienes ejercen dichas funciones como por particulares que las alteren o perjudiquen.

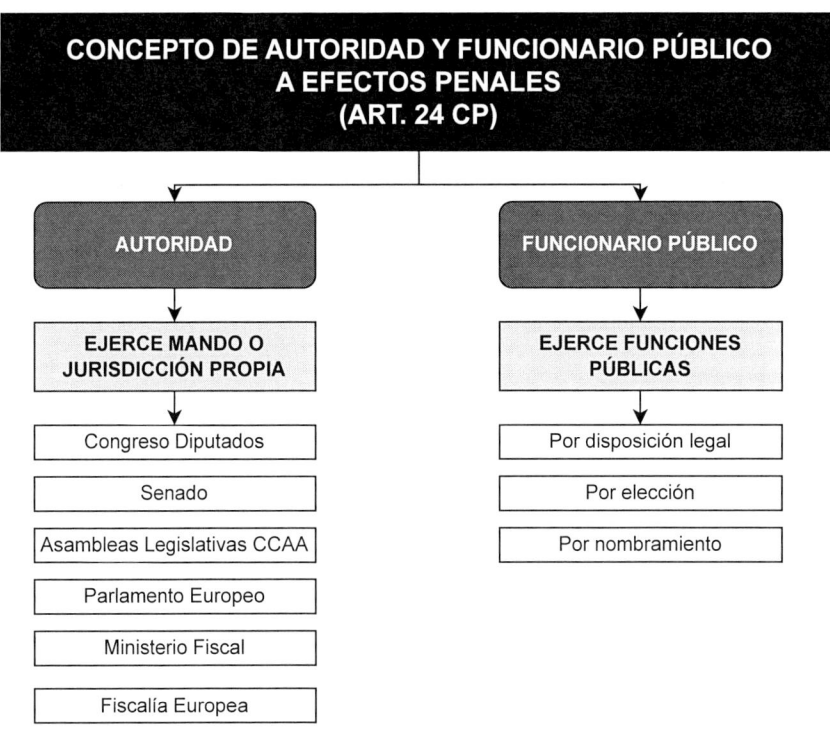

A mayores, el artículo 423 del Código Penal, **amplía la autoría** (en el cohecho pasivo propio, impropio y por recompensa) a:

1. Jurados y árbitros, nacionales e internacionales.
2. Mediadores, peritos, administradores e interventores designados judicialmente.
3. Administradores concursales.
4. Cualquier persona que participe en el ejercicio de funciones públicas, incluso si actúa de facto.

Igualmente, el artículo 427 del Código Penal, tipifica el **cohecho internacional**, pudiendo ser sujeto activo los funcionarios y autoridades de la Unión Europea, de otros países y de organizaciones internacionales.

> **A TENER EN CUENTA**. En el cohecho activo, será sujeto activo la persona particular.

Por otro lado, el **sujeto pasivo** será la **Administración pública**, entendida como el funcionamiento íntegro, imparcial y legal de la función pública.

CUESTIONES

1. ¿Qué se entiende por función pública?

La sentencia del Tribunal Supremo n.º 83/2017, de 14 de febrero, ECLI:ES:TS:2017:570, resalta que para su identificación se han usado dos criterios doctrinales:

- Criterio formal: considera como función pública todas aquellas actividades realizadas por la Administración y sometidas al derecho público.

- Criterio material o finalista: la función pública comprende las acciones orientadas al interés general o bien común, ejecutadas por órganos públicos.

La jurisprudencia ha adoptado un concepto amplio de función pública, el cual comprende **toda actividad realizada por entes públicos, sometidas al derecho público y destinadas a satisfacer el interés general**, identificando como funciones públicas aquellas vinculadas a sectores como cultura, hacienda, justicia, comunicaciones, agricultura, vivienda, sanidad, seguridad... Por tanto, se define la función pública desde una **perspectiva teleológica y funcional, centrada en el interés general**, abarcando una amplia variedad de actividades y agentes públicos.

2. ¿Puede una persona jurídica ser responsable penalmente por el delito de cohecho?

Sí, las personas jurídicas pueden ser responsables de cohecho, conforme a lo establecido en el artículo 427 bis del Código Penal. Las penas que se le impondrán dependerán de la gravedad del delito:

- Delitos con pena de prisión superior a 5 años: multa de dos a cinco años o del triple al quíntuple del beneficio obtenido si la cantidad es mayor.

- Delitos con pena de prisión superior a 2 años, pero inferior a cinco: multa de uno a tres años o del doble al cuádruple del beneficio obtenido si la cantidad es mayor.

- Resto de casos: multa de seis meses a dos años o del doble al triple del beneficio obtenido si la cantidad es mayor.

Además, los jueces y tribunales pueden imponer otras penas accesorias previstas en el apartado 7 del artículo 33 del Código Penal (disolución de la persona jurídica, suspensión de su actividad, clausura de sus locales y establecimientos, etc., entre otras).

3. ¿Cuál es el plazo de prescripción del delito de cohecho cometido por persona jurídica?

La respuesta a esta cuestión nos la da el **auto de la Audiencia Nacional n.º 584/2022, de 15 de noviembre, ECLI:ES:AN:2022:9958A**, que analiza este plazo de prescripción en los siguientes términos:

«Ateniéndonos, por lo tanto, al plazo de prescripción correspondiente al delito de cohecho activo que, en su caso, hubiera podido cometer IBERDROLA RENOVABLES, hemos de recordar que el art. 427.2 del texto punitivo, en la redacción vigente en el momento de los hechos, esto es, la introducida por la Ley Orgánica 5/2010, de 22 de junio, prevé, en todos los supuestos de comisión del delito por una persona jurídica, penas de multa de imposición obligatoria y contempla la posibilidad de imponer también, con carácter facultativo, atendiendo a las reglas del art. 66 bis, las penas recogidas en las letras b) a g) del apartado 7 del artículo 33 (disolución de la persona jurídica; suspensión de actividades; clausura de locales y establecimientos; inhabilitación para obtener subvenciones y ayudas públicas, para contratar con el sector público y para gozar de beneficios e incentivos fiscales o de la Seguridad Social; intervención judicial para salvaguardar los derechos de los trabajadores o

*de los acreedores). Si nos atenemos a las penas de imposición obligatoria (las de multa), **el plazo de prescripción sería de cinco años**, conforme al art. 131 del Código Penal. Lo mismo ocurre con las penas de imposición facultativa. Es preciso señalar, a este respecto, que el mencionado art. 131 solo establece plazos de prescripción superiores a cinco años para los delitos castigados con penas de prisión e inhabilitación superiores a cinco años de duración, y que el art. 66 bis antes citado únicamente permite imponer por un plazo superior a dos años las penas previstas en las letras c) a g) del apartado 7 del art. 33, entre las que se encuentra la inhabilitación del apartado f), cuando la persona jurídica sea reincidente o se utilice instrumentalmente para la comisión de ilícitos penales, disponiendo que se entenderá que se está en este último supuesto siempre que la actividad legal de la persona jurídica sea menos relevante que su actividad ilegal. Siendo indiscutible que, en el presente caso, no se da ninguno de estos supuestos, la pena de inhabilitación no podría ir más allá de dos años. Igual sucedería con el resto de las penas facultativas, para las cuales el art. 131 no contempla plazos de prescripción específicos, por lo que quedarían sujetas al plazo residual de cinco años que dicho artículo establece, con las excepciones de los delitos de injurias y calumnias y de los delitos leves, debiendo tenerse en cuenta, además, respecto de la pena de disolución de la letra b) del apartado 7 del art. 33, que tal pena no podría imponerse tampoco en este supuesto, pues el Tribunal Supremo ha declarado (STS 154/2016, de 29 de febrero) que: «Para la imposición de la pena de disolución, al margen de los casos de "multirreincidencia" de la regla 5ª del art. 66 CP, que no es la que nos ocupa, se requiere "Que la persona jurídica se utilice instrumentalmente para la comisión de ilícitos penales", añadiendo el precepto que "Se entenderá que se está ante este último supuesto siempre que la actividad legal de la persona jurídica sea menos relevante que su actividad ilegal" (art. 66 bis b) "in fine" CP)"».*

1.2. Modalidades del delito de cohecho: cohecho pasivo y cohecho activo

Modalidades del delito de cohecho

La regulación establecida en el capítulo V del título XIX del libro II del Código Penal distingue varias modalidades según la conducta realizada y la finalidad de la misma.

La sentencia del Tribunal Supremo n.º 441/2024, de 22 de mayo, ECLI:ES:TS:2024:2551, declara la **homogeneidad** entre las diferentes clases de cohecho, afirmando que: «*Desde otro punto de vista, se ha destacado también, tanto por la doctrina como por la jurisprudencia, la idea de **homogeneidad entre los distintos tipos de cohechos**. La distinta naturaleza o presentación típica de las diversas figuras de cohecho, con independencia de sus diferentes modalidades, deviene en su raíz más aparente que real, en la medida en que el bien jurídico protegido en todas ellas resulta reconducible a un fundamento común Nuestra sentencia número 362/2008, de 13 de junio, recordaba al respecto que: "Una moderna corriente doctrinal pone el acento en la necesidad de perseguir, con instrumentos penales, todas las*

19

actividades que revelan la corrupción de los funcionarios públicos y ponen en peligro la credibilidad democrática del sistema administrativo del Estado. Desde esta perspectiva se tiende a una política unitaria que trata de homologar todas las conductas que suponen la expresión de un comportamiento corrupto. En esta línea tanto el cohecho activo como el cohecho pasivo, el propio como el impropio, son manifestaciones de esta lacra de la corrupción que afecta a la buena marcha de la Administración pública y a la fe de los ciudadanos en las instituciones del Estado democrático y de derecho».

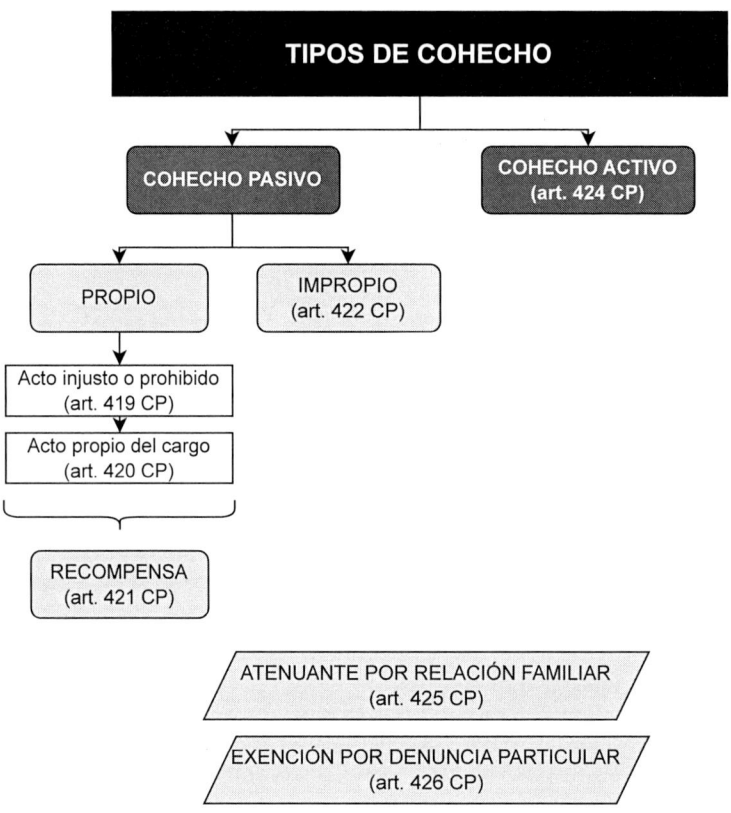

|| Cohecho pasivo propio para acto prohibido o injusto

El artículo 419 del Código Penal regula el cohecho pasivo propio, el cual se produce cuando la autoridad o funcionario público solicita, recibe o acepta una dádiva para realizar un **acto contrario a los deberes del cargo**, **o para omitirlo o retrasarlo injustificadamente**. Esta es la **forma más grave de cohecho**, porque supone «vender» la función pública mediante la realización de actos injustos.

La STS n.° 1096/2006, de 16 de noviembre, ECLI:ES:TS:2006:7838, establece que «*Por **acto injusto** debe entenderse todo aquel que es **contrario a lo que es debido** (SSTS. 893/2002 de16.5, 170/2001 de 24.9). No se trata de identificar la injusticia del acto con la propia percepción de la dádiva, sino el propio hecho del dictamen no se adopte sobre la base de los principios de imparcialidad y objetividad que deben presidir su función sino referido y predeterminado por el aliciente económico, determina la injusticia del acto (STS. 28.3.2001) (...)*».

Las penas serán las de prisión de tres a seis años, multa de doce a veinticuatro meses e inhabilitación especial de nueve a doce años. A mayores, si el acto injusto constituye delito, se sancionará también.

‖ Cohecho pasivo propio para acto propio del cargo

Regulado en el artículo 420 del Código Penal, sucede cuando **el funcionario o autoridad solicita o acepta dádiva** para realizar un **acto propio de su cargo**, aunque no sea injusto o no esté prohibido. Las penas serán las de prisión de dos a cuatro años, multa de doce a veinticuatro meses e inhabilitación especial de cinco a nueve años.

La sentencia del Tribunal Supremo n.° 888/2021, de 17 de noviembre, ECLI:ES:TS:2021:4218, resuelve un recurso interpuesto contra la condena por delito continuado de cohecho impuesta a un funcionario de la Subdelegación del Gobierno de Pontevedra. Los hechos probados recogen que el acusado, actuando en el ejercicio de sus funciones relativas a la tramitación de expedientes de extranjería, solicitó y recibió dinero de particulares (150€ de una persona, 50€ de otra y una solicitud frustrada de una tercera), todo ello para realizar actos propios de su cargo. El TS señala expresamente que el artículo 420 del CP sanciona a la autoridad o funcionario público que, en provecho propio o de un tercero, recibe o solicita dádiva, favor o retribución de cualquier clase o acepte ofrecimiento o promesa para realizar un acto propio de su cargo. Recalca que el delito se consuma con la mera solicitud realizada por el funcionario, sin que sea necesario que lo solicitado llegue a entregarse efectivamente al autor. Así pues, el Tribunal entiende que concurren todos los elementos del tipo penal, ya que **existió una solicitud de dinero por parte del funcionario a cambio del normal desenvolvimiento de los expedientes encomendados a él, y dicha solicitud, sea o no atendida, es suficiente para la consumación del delito**.

Igualmente, la STS n.° 306/2023, de 26 de abril, ECLI:ES:TS:2023:1784, resuelve un recurso de casación interpuesto por el acusado, médico de familia del Servizo Galego de Saúde, condenado por un delito de cohecho pasivo propio, relacionado con la expedición de certificados de defunción a cambio de contraprestaciones económicas. El acusado solicitó, y en algunos casos recibió, cantidades de dinero (70€, 30€, y llegó a solicitar 100€) de empleados de funerarias y familiares para expedir certificados de defunción, documento que no conlleva coste alguno, actuando así en varias ocasiones y a sabiendas de la improcedencia de tales cobros. El TS desestima el recurso, confirmando íntegramente la condena de la AP y del TSJ, concluyendo que **la expedición de un certificado médico de defunción es un acto propio del** cargo de médico, y la solicitud o percepción de un pago por tal acto, a pesar de que su expedición es gratuita y corresponde al ejercicio de la función pública sanitaria, encuadra perfectamente en el tipo penal previsto.

|| Cohecho por recompensa

Cuando la dádiva se entrega como recompensa por los actos realizados que encajen en las conductas descritas en los apartados anteriores, se estará ante este tipo penal de cohecho por recompensa, regulado en el artículo 421 del Código Penal. Se aplicarán las mismas penas previstas en los artículos anteriores.

Cabe resaltar el extracto de la sentencia del Tribunal Supremo n.º 795/2016, de 25 de octubre, ECLI:ES:TS:2016:4622, que dice:

> «Y respecto al concreto delito del artículo 421 (cuando la dádiva solicitada, recibida o prometida tenga por objeto que la autoridad o funcionario público se abstenga de un acto que debería practicar en el ejercicio de su cargo…) el alcance de la omisión hay que situarlo en una omisión injusta no delictiva, porque dicha posibilidad ya es acogida por el art. 419. En este tipo de cohecho **la injusticia no se predica de un acto sino de la propia omisión** en tanto es producto de la corrupción de la autoridad o funcionario, de suerte que el acto de que este promete abstenerse es totalmente lícito puesto que forma parte de todo aquello que su cargo le obliga a ejecutar. Esta pluralidad de los actos posibles, cuya omisión da lugar al tipo podría explicar que alguna vez, no fuese tan concreto el acto injustamente omitido como el que realiza -o se promete realizar- en el tipo de cohecho previsto en el art. 420, del que el art. 421 se presenta como recurso omisivo y cuya atenuación penológica fue tan criticada por la doctrina».

|| Cohecho pasivo impropio

Regulado en el artículo 422 del Código Penal, es el caso en el que el funcionario o autoridad acepta un regalo o dádiva en consideración a su cargo, sin que exista una contraprestación específica. Con este tipo penal **se busca evitar que los funcionarios reciban regalos que puedan comprometer su imparcialidad,** incluso sin haber existido acuerdo corrupto. Las penas son de prisión de seis meses a un año y la suspensión de empleo de uno a tres años.

CUESTIÓN

¿Puede ser condenado un policía por cohecho impropio, aunque no haya aceptado un regalo formal, pero sí haya obtenido consumiciones gratuitas en clubes de alterne?

La sentencia del Tribunal Supremo n.º 123/2014, de 20 de febrero, ECLI:ES:TS:2014:724, resuelve un caso en el que un inspector jefe de policía, encargado de controlar la legalidad de clubes de alterne en su localidad, fue acusado de frecuentar algunos de estos locales, donde obtuvo consumiciones gratuitas y favores sexuales sin pagar. El acusado alega que no se le hizo ningún ofrecimiento formal ni recibió regalos explícitos, sino que simplemente pagó en algunas ocasiones y que tenía una relación de confianza con el personal de los establecimientos.

La conducta descrita sí es suficiente para fundamentar una condena por delito continuado de cohecho impropio, incluso sin la existencia de un ofrecimiento formal o la aceptación expresa de un regalo. El TS razona que el cohecho impropio tiene por finalidad garantizar la imparcialidad y rectitud de los funcionarios públicos en el desempeño de sus funciones, evitando interferencias indebidas de intereses privados. No resulta imprescindible una entrega material o invitación expresa, sino que es suficiente con que el funcionario, aprovechándose de su posición y del conocimiento público de su cargo, obtenga beneficios que no serían concedidos a cualquier cliente, porque los responsables de los locales, sometidos a especial vigilancia policial y relacionados con la inmigración y la prostitución, permiten tal trato por temor o deseo de evitar problemas con la autoridad.

La sentencia señala que **lo relevante no es la existencia de una entrega material, sino el «régimen de permisibilidad» creado por la condición profesional del funcionario, que puede así obtener ventajas indebidas.**

|| Cohecho activo

Regulado en el artículo 424 del Código Penal, en este tipo delictivo **es el particular quien ofrece o entrega una dádiva para influir en la actuación del funcionario o autoridad**. Será castigada con las mismas penas previstas para el cohecho pasivo propio, según la finalidad perseguida. Si **la entrega se produce por solicitud del funcionario**, el particular recibirá la misma pena que el primero.

Cuando —según el apartado 3 de este artículo— el cohecho afecte a **procedimientos de contratación, subvenciones o subastas públicas**, se impondrá al particular y, en su caso, a la sociedad, asociación u organización a que representare la pena de inhabilitación para obtener subvenciones y ayudas públicas, para contratar con entes, organismos o entidades que formen parte del sector público y para gozar de beneficios o incentivos fiscales y de la Seguridad Social por un tiempo de cinco a diez años.

Un ejemplo de condena por delito de cohecho activo del apartado 3 del art. 424 del CP lo encontramos en la sentencia de la AP de Las Palmas n.º 75/2021, de 25 de febrero, ECLI:APGC:2021:1141, en la que se condena a un particular por haber pagado más de 2.000 euros a un concejal del Ayuntamiento de La Oliva y miembro de la mesa de contratación para obtener la adjudicación de la concesión de explotación de hamacas en las playas del municipio. La AP señala que «*es evidente que un Concejal de un Ayuntamiento (en este caso el de La Oliva en la Isla de Fuerteventura) se integra sin dificultad alguna en el concepto de 'autoridad o funcionario público' del articulo 24 del Código Penal como destinatario del soborno, siendo igual de evidente que el Sr Jesús Manuel en su condición de tal 'participa en el ejercicio de la función pública'. Y en segundo lugar señalar, como antes se anticipó que el tipo no exige la contraprestación alguna del destinatario del intento de corrupción, basta con el ofrecimiento o la entrega por parte del sujeto activo. Y por fin que el tipo no exige que se requiera del destinatario del 'soborno' una conducta ilegal, pues el elenco posibilidades es amplio, recordemos: 'realice un acto contrario a los deberes inherentes a su cargo o un acto propio de su cargo, para que no realice o retrase el que debiera practicar, o en consideración a su cargo o función'*».

Recalca la AP que el «*participar en un concurso público y el consiguiente deseo de que le sea adjudicada la explotación de las hamacas en algún sector de las playas no constituyen actividad delictiva alguna, faltaría más, sin embargo* **cuando a este lícito interés se le une la entrega de una cantidad de dinero a una persona que forma parte de la Mesa de contratación** *que se configura como el órgano colegiado de asistencia técnica especializada en materia de contratación administrativa encargado, principalmente, de valorar las proposiciones de los licitadores y proponer al órgano de contratación la adjudicación del contrato a favor de aquél que presenta la mejor oferta, ha de entrar a regir el derecho penal*».

Sobre el cohecho activo resulta especialmente relevante por su claridad la **sentencia de la Audiencia Nacional n.º 23/2024, de 8 de octubre, ECLI:ES:AN:2024:5221**, en la que se explica que se trata —el delito del art. 424 del CP— «*de un* **delito común**, *que puede ser* **cometido por cualquier sujeto**, *no teniendo requisitos especiales de autoría (STS de 7 de noviembre de 2001). Y se ha configurado por la jurisprudencia, en su modalidad de ofrecimiento de dádiva al funcionario, como* **un delito de resultado cortado o de consumación anticipada**. *De esta forma* **el delito se consumará con el mero ofrecimiento de la dádiva por el particular al funcionario, sin que sea necesario verificar que éste último la aceptó** (STS de 6 de mayo de 2005 y 302/2018, de 20 de junio)*».

Por lo tanto, son características de este delito:

- Que puede ser cometido por cualquier particular.
- Que la prestación aportada por el sujeto activo puede ser una dádiva o retribución de cualquier clase.
- Que se trata de un delito de resultado cortado o de consumación anticipada.
- Que el delito se consuma con el mero ofrecimiento, sin que el funcionario lo acepte o no.

Sobre los verbos que utiliza el art. 424 del CP para tipificar este delito, la Audiencia Nacional hace referencia a que son «*"ofrecer" y "entregar" según el artículo 424.1 CP y "entregar atendiendo a la solicitud" según el 424.2 CP. La distinción de acciones, se debe a quién inicia la solicitud. Cuando es el particular el que toma la iniciativa se toman los primeros conceptos mientras que, si la inicia el funcionario se utiliza el último término. Como se observa, en ambas situaciones se menciona el verbo entregar, en cuanto al artículo 424.1 CP hace referencia a que, tras proponer el acuerdo a la autoridad, entrega lo pactado; mientras que, respecto al artículo 424.2 CP, es como consecuencia de aceptar la solicitud del funcionario público.*

Por otra parte, (...) "ofrecer" es "presentar una cosa a una persona y decirle que la tome, la disfrute o la utilice" por lo que no exige que haya un acuerdo estipulado, lo que nos lleva a un delito unilateral. Por lo que respecta a "entregar", sí supone un recibimiento por parte de la autoridad, lo que significa que previamente ha aceptado la proposición, dando lugar a un delito bilateral».

Como explica la Audiencia Nacional, el sujeto activo —del apartado 1 del art. 424 del CP— **debe intentar corromper** a la autoridad, al funcionario o a la persona que participe en el ejercicio de la función pública con un ofrecimiento o con la entrega de una dádiva o retribución con el objetivo que realice un acto contrario a los deberes de su cargo o un acto propio de su cargo. Aunque también este ofrecimiento o entrega de dádiva o retribución podría tener como finalidad que no realice o retrase un acto que debiera practicar.

|| Cohecho internacional

Como se ha mencionado anteriormente, el artículo 427 del Código Penal, extiende la punibilidad del cohecho a autoridades, funcionarios y agentes de otros países, de la Unión Europea o de organizaciones internacionales.

CUESTIONES

1. ¿Puede un particular quedar exento de la responsabilidad penal por el delito de cohecho?

Sí, siempre que cumpla con las condiciones establecidas en el artículo 426 del Código Penal, a saber: haber accedido de forma ocasional a la solicitud de dádiva u otra retribución y denunciar el hecho antes de la apertura del procedimiento ante la autoridad competente, siempre que lo haga dentro de los dos meses siguientes a la comisión de los hechos.

2 ¿Cabe imponer una pena inferior por cohecho si el soborno lo realiza un familiar cercano?

Sí, el artículo 425 del Código Penal establece una pena menor (de seis meses a un año de prisión) si el autor soborna dentro de una causa criminal para favorecer al acusado, que deberá ser su cónyuge o pareja estable o familiares.

RESOLUCIÓN RELEVANTE

Sentencia de la Audiencia Nacional n.º 23/2024, de 8 de octubre, ECLI:ES:AN:2024:5221

Consideración jurisprudencial relativa a la consumación del delito de cohecho, tanto activo como pasivo

«Debe hacerse una última consideración jurisprudencial relativa a la consumación del delito de cohecho, tanto activo como pasivo; como fácilmente puede deducirse de la propia dicción del artículo 419 para el cohecho pasivo y el 424 para el activo la consumación no requiere que el funcionario público o autoridad realice un acto contrario a derecho a cambio de una suma de dinero, sino que es suficiente que solicite o reciba la dádiva, favor o retribución; es decir, es un delito de mera actividad que adelanta su punición a la puesta en peligro del bien jurídico que se protege, y así lo reconoce, entre otras la STS de 09/01/2022.

(...)

*Pues bien, **aunque los delito de cohecho pasivo y activo son dos delitos distintos, el tipo del art. 424** (cohecho activo cometido por particular) **no deja de ser el reverso de los arts. 419 y 420** (cohecho pasivo cometido por funcionario), con la particularidad de que, por ser sujeto activo del cohecho activo el particular que corrompe al funcionario, no cabe en éste la figura del "extraneus", lo que nos debe llevar a la conclusión de que, si se castiga la conducta en base a uno de los dos artículos, no debería castigarse por el otro, pues, en definitiva, supondría castigar el mismo hecho dos veces, con lo de quiebra para el principio "non bis in ídem" pudiera suponer.*

(...)

*En realidad, lo que sucede es que **el legislador viene a castigar en el art. 424 CP el comportamiento del "extraneus" que corrompe al "intraneus" del art. 419 o 420,** mediante un tipo propio, con lo que su participación ha de dejar de estar sujeta al principio de accesoriedad limitada que, como regla general, rige en materia de participación, de manera que, entendido así el problema de la participación, solo cabe sancionar la conducta en base a uno de los dos preceptos en cuestión.*

En esta línea, de que se trata del mismo hecho, apunta el F.J. 23° de la STS 508/2015, cuando dice que, asimismo cabe precisar que "dadas las especiales características del delito que estamos analizando, resultará indispensable, frente a la idea que sobre el particular parece sostener el recurrente, ponderar los razonamientos y valoraciones que el Tribunal realiza tanto en los apartados de la sentencia referidos al mismo como en aquellos que se refieren a los procesados condenados por un delito de cohecho activo previsto y penado en el artículo 423 del CP, apartado segundo -en su redacción vigente a la fecha de los hechos-, precisamente por haberle abonado las dádivas por cuya recepción ha sido condenado. Una y otra acción no son sino dos caras de la misma moneda y exigen una valoración conjunta, independientemente de cuál sea el fundamento de derecho concreto en el que el Tribunal incluya una consideración u otra. Sólo así puede lograrse un entendimiento completo de los hechos objeto de enjuiciamiento y, particularmente, del factum de la resolución recurrida y de la prueba que lo sostiene".

*En el mismo sentido, de que el hecho es el mismo, el fundamento de derecho sexto de la STS 1417/98, de 16/12/1998, indica: "**La posible heterogeneidad de las diversas figuras de cohecho, es más aparente que real en cuanto que el bien jurídico que tratan de proteger, sus diferentes modalidades delictivas, es perfectamente unificable.** Una moderna corriente doctrinal pone el acento en la necesidad de perseguir, con instrumentos penales, todas las actividades que revelan la corrupción de los funcionarios públicos y ponen en peligro la credibilidad democrática del sistema administrativo del Estado. Desde esta perspectiva se tiende a una política unitaria de que trata de homologar todas las conductas que suponen la expresión de un comportamiento corrupto. **En esta línea tanto el cohecho activo como el cohecho pasivo, el propio como el impropio, son manifestaciones de esta lacra de la corrupción que afecta a la buena marcha de la Administración pública y a la fe de los ciudadanos en las instituciones del Estado democrático y de derecho"».***

1.3. El elemento objetivo del delito de cohecho

El elemento objetivo del delito de cohecho

El delito de cohecho requiere:

1. Solicitud, aceptación o recepción (o promesa de ella).

   » **Solicitar** supone una declaración unilateral de voluntad dirigida a otra persona. La petición puede ser expresa o táctica, oral o escrita, por sí o por persona interpuesta. Únicamente es necesaria la manifestación externa de la voluntad por parte del sujeto, no siendo necesario acuerdo entre las partes.

» **Recibir** supone tomar lo que dan o envían, por lo que debe existir un previo acuerdo entre las partes.

» **Aceptar** supone asumir voluntariamente la oferta o promesa suponiendo que se obtendrá un beneficio futuro.

2. Dádiva, favor o retribución de cualquier naturaleza.

» **Dádiva:** hace referencia a algo entregado gratuitamente.

» **Presente**: es un regalo u obsequio.

» **Ofrecimiento**: hace referencia a una manifestación de voluntad de dar algo.

» **Promesa**: es el compromiso de dar o hacer algo en el futuro.

Cabe resaltar que la ley no exige que la contraprestación del funcionario o autoridad sea inmediata, sino que bastará con que se produzca en intercambio por la dádiva, incluso si esta fue entregada antes de que el sujeto adquiriera la condición de funcionario y el acto se realizó después (STS n.º 795/2016, de 25 de octubre, ECLI:ES:TS:2016:4622).

La ley no establece una cuantía mínima, pero la doctrina entiende que el beneficio debe de tener la **capacidad real de corromper, excluyéndose los obsequios insignificantes**. Además, el beneficiario de la entrega puede ser el propio funcionario o autoridad, un familiar o incluso un tercero, siempre que el **funcionario obtenga algún beneficio indirecto**. (STS n.º 795/2016, de 25 de octubre, ECLI:ES:TS:2016:4622).

JURISPRUDENCIA

Sentencia del Tribunal Supremo n.º 613/2018, de 29 de noviembre, ECLI:ES:TS:2018:4046

Los cohechos pasivos comparten varios elementos en común:

– Sujeto activo: será siempre autoridad o funcionario público.

– Realizar la conducta en ejercicio de su cargo. Aunque no será necesario que el funcionario o autoridad receptor sea exactamente quien tenga competencia directa sobre el acto relacionado con el cohecho. Bastará con que el acto esté facilitado por su posición y tenga relación o conexión con las funciones públicas que desempeña.

Así pues, la ley solo exige que el acto solicitado o realizado por el funcionario o autoridad guarde **algún tipo de vinculación con su actividad pública**, aunque no sea estrictamente una competencia exclusiva suya. Lo relevante es que el particular acuda a él porque entiende que, debido a su cargo, puede influir o facilitar el acto pretendido.

CUESTIÓN

¿Cuándo se consuma este delito de cohecho?

Conforme a la sentencia del Tribunal Supremo n.º 507/2020, de 14 de octubre, ECLI:ES:TS:2020:3191, el delito de cohecho es «(...) un delito unilateral que **se consuma por la mera 'solicitud' u 'ofrecimiento' de la dádiva**, sin que sea necesario para la sanción ni la aceptación de la solicitud ni el abono de la dádiva, ni la realización del acto injusto o delictivo ofrecida como contraprestación. Por ello, si no es preciso para la consumación del cohecho que el funcionario ejecute efectivamente el comportamiento contrario a derecho que de él se pretende, o que el mismo

se propone realizar con tal de recibir la dádiva, esto es, que el funcionario cometa realmente el acto injusto, si éste se lleva a cabo, cometerá otro delito. Situación
concursal que viene impuesta por el legislador en el art. 419 CP, que tras señalar la
pena para el delito de cohecho, establece 'sin perjuicio de la pena correspondiente
al delito cometido en razón de la dádiva o promesa'».

Por tanto, el TS mantiene y reitera que la consumación del delito de cohecho
no requiere la efectiva percepción de la dádiva ni que se materialice efectivamente el acto injusto, sino que basta con la solicitud, ofrecimiento o aceptación, según
el concreto supuesto, para la consumación típica. Asimismo, si efectivamente se
ejecuta el acto injusto, ello dará lugar a un concurso con el correspondiente delito
cometido.

1.4. El elemento subjetivo del delito de cohecho

El elemento subjetivo del delito de cohecho

El delito de cohecho exige dolo, es decir, debe el autor conocer la antijuridicidad de sus actos. El Tribunal Supremo en su sentencia n.º 487/2014, de
9 de junio, ECLI:ES:TS:2014:2563, indica que para la existencia del delito de
cohecho es necesario que concurran elementos tanto objetivos como subje-
tivos, siendo el dolo el elemento subjetivo imprescindible. Dicho dolo requiere el conocimiento exacto de que la dádiva, regalo o beneficio que recibe o
da el funcionario o particular se realiza en atención a las funciones o a la actividad del funcionario, y con la finalidad de obtener una actuación favorable,
directa o indirecta, en el ejercicio de un cargo público, ya sea en el sentido
de la acción o de la omisión. Además, añade la sentencia, que puede existir
dolo eventual cuando, aunque no haya acuerdo directo con el funcionario, el
particular es consciente de que la ventaja ofrecida puede servir para ganarse
la voluntad del funcionario en el ejercicio de sus funciones públicas.

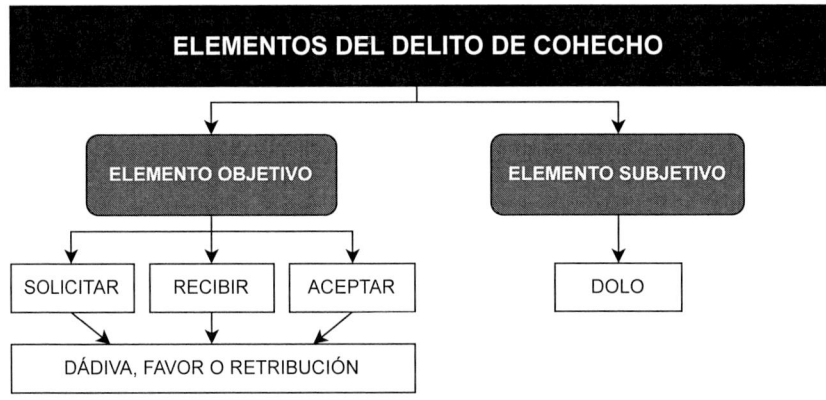

2.
CORRUPCIÓN EN LOS NEGOCIOS

Delitos de corrupción en los negocios

Los delitos tipificados en los arts. 286 bis a 286 quater del CP castigan actos de corrupción perpetrados en el seno de las relaciones comerciales. Antes de entrar a analizar los delitos de corrupción en los negocios, cabe diferenciar los siguientes tipos de acciones corruptas:

- **Privada *vs.* pública**: la privada comprende actos de soborno en los negocios entre particulares, mientras la pública implica el soborno de funcionarios.

- **Pasiva *vs.* activa**: la primera se refiere a la aceptación de sobornos, mientras que la segunda consiste en su ofrecimiento.

Como más adelante se desarrollará, el CP sanciona las siguientes conductas:

- El ofrecimiento y aceptación de sobornos entre particulares (art. 286 bis del CP), es decir, la corrupción privada, tanto activa como pasiva.

- El ofrecimiento de sobornos a funcionarios públicos en el seno de operaciones comerciales internacionales (art. 286 ter del CP), o corrupción pública activa.

Para los casos de especial gravedad, tasados en el art. 286 quater del CP, se prevé la aplicación de las penas en su mitad superior, pudiendo incluso imponerse la pena superior en grado.

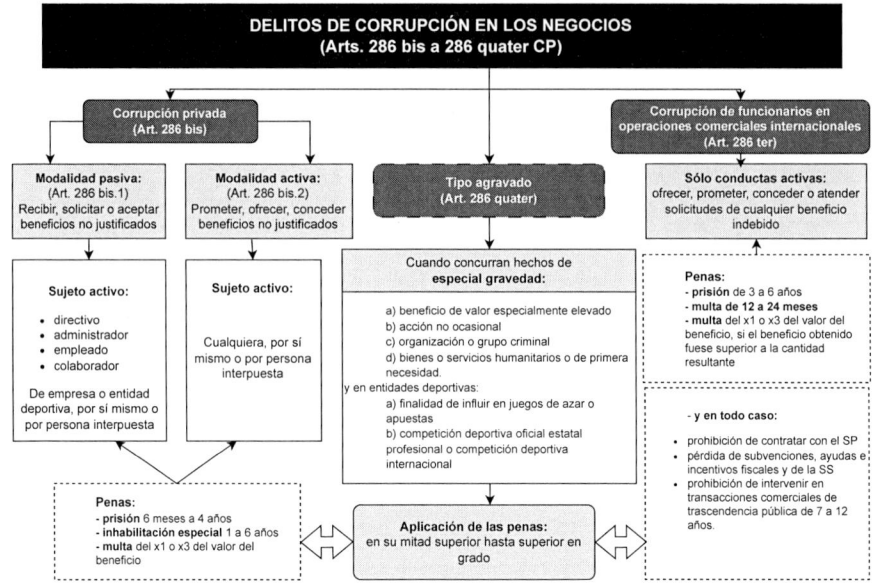

2.1. Delito de corrupción privada en los negocios

Delitos de corrupción privada en los negocios

El artículo 286 bis del CP castiga conductas constitutivas de **corrupción activa y pasiva en el ámbito privado**, cometidas por particulares o determinados cargos de empresas y de entidades deportivas, afectando a la libre competencia y al correcto desarrollo de las relaciones comerciales. Según el citado precepto:

«1. El directivo, administrador, empleado o colaborador de una empresa mercantil o de una sociedad que, por sí o por persona interpuesta, reciba, solicite o acepte un beneficio o ventaja no justificados de cualquier naturaleza, u ofrecimiento o promesa de obtenerlo, para sí o para un tercero, como contraprestación para favorecer indebidamente a otro en la adquisición o venta de mercancías, o en la contratación de servicios o en las relaciones comerciales, será castigado con la pena de prisión de seis meses a cuatro años, inhabilitación especial para el ejercicio de industria o comercio por tiempo de uno a seis años y multa del tanto al triplo del valor del beneficio o ventaja.

2. Con las mismas penas será castigado quien, por sí o por persona interpuesta, prometa, ofrezca o conceda a directivos, administradores, empleados o colaboradores de una empresa mercantil o de una sociedad, un

beneficio o ventaja no justificados, de cualquier naturaleza, para ellos o para terceros, como contraprestación para que le favorezca indebidamente a él o a un tercero frente a otros en la adquisición o venta de mercancías, contratación de servicios o en las relaciones comerciales.

3. Los jueces y tribunales, en atención a la cuantía del beneficio o al valor de la ventaja, y a la trascendencia de las funciones del culpable, podrán imponer la pena inferior en grado y reducir la de multa a su prudente arbitrio.

4. Lo dispuesto en este artículo será aplicable, en sus respectivos casos, a los directivos, administradores, empleados o colaboradores de una entidad deportiva, cualquiera que sea la forma jurídica de ésta, así como a los deportistas, árbitros o jueces, respecto de aquellas conductas que tengan por finalidad predeterminar o alterar de manera deliberada y fraudulenta el resultado de una prueba, encuentro o competición deportiva de especial relevancia económica o deportiva.

A estos efectos, se considerará competición deportiva de especial relevancia económica, aquélla en la que la mayor parte de los participantes en la misma perciban cualquier tipo de retribución, compensación o ingreso económico por su participación en la actividad; y competición deportiva de especial relevancia deportiva, la que sea calificada en el calendario deportivo anual aprobado por la federación deportiva correspondiente como competición oficial de la máxima categoría de la modalidad, especialidad, o disciplina de que se trate.

5. A los efectos de este artículo resulta aplicable lo dispuesto en el artículo 297».

‖ Conductas típicas: modalidad pasiva y activa

Como se desprende del tenor literal del precepto, la conducta típica reviste **dos modalidades**:

- Una **pasiva**, consistente en **recibir, solicitar o aceptar** beneficios injustificados o sobornos. Estas acciones se sancionan cuando el beneficio se acepta como contraprestación para favorecer indebidamente a otro en la adquisición o venta de mercancías, contratación de servicios o en relaciones comerciales. El favorecimiento indebido configura el elemento de ilicitud de la conducta. La redacción del artículo determina que el beneficio recibido o aceptado puede ser **para sí o para un tercero**.

- Otra **activa**, consistente en **ofrecer** tales beneficios con el objetivo de obtener un trato de favor, para él o un tercero, frente a terceros en la adquisición o venta de mercancías, contratación de servicios o en relaciones comerciales.

Tal como explica el **AAP de Barcelona n.º 413/2018, de 27 de julio de 2018, ECLI:ES:APB:2018:6081A**: «*La conducta básica del injusto previsto en el art. 286 bis CP vendría determinada por el **ofrecimiento, la solicitud o la aceptación** de beneficios no justificados en el marco de las relaciones comerciales entre entidades privadas con el propósito de favorecer indebidamente a una persona en ese ámbito de contratación. Encierra, en suma, un **trato de favor** a aquella, en cualquier tipo de contratación de bienes o servicios en el mer-*

cado o, como literalmente expresa la norma de referencia, "en la adquisición o venta de mercancías, o en la contratación de servicios o en las relaciones comerciales", manteniendo los comportamientos delictivos una doble vertiente al deslindar la corrupción **pasiva** (la solicitud o aceptación de un beneficio) de la corrupción **activa** (ofrecimiento o concesión del beneficio).

En la medida en que ahora los posibles sujetos activos del delito de corrupción en los negocios abarcan al "directivo, administrador, empleado o colaborador de una empresa mercantil o de una sociedad" (variando lo que anteriormente eran empresa mercantil o una sociedad, asociación, fundación u organización, por la mención exclusiva a "una sociedad"), sería aplicable tal condición (administrador) y ente (societario) al denunciado».

Para que haya delito, el ofrecimiento o concesión, la solicitud o aceptación del **beneficio** deberán cumplir los siguientes **requisitos**:

- Aptitud para poner en grave peligro la competencia generando una posición de ventaja injusta.
- Peligro concreto: no basta con la esperanza inespecífica de obtener, en un futuro incierto, una ventaja competitiva en la empresa del sobornado.

|| Marco penológico

Según el apartado 4 del art. 286 bis del CP, las citadas conductas típicas, ya sean pasivas o activas, serán castigadas con las siguientes **penas**:

- **Prisión** de 6 meses a 4 años.
- **Inhabilitación especial** para el ejercicio de industria o comercio de 1 a 6 años.
- **Multa** del tanto al triplo del valor del beneficio o ventaja.

En atención a la cuantía del beneficio o el valor de la ventaja, y a la trascendencia de las funciones del culpable, los tribunales podrán imponer la pena inferior en grado y reducir la multa a su prudente arbitrio.

|| Bien jurídico protegido y sujetos del tipo

El valor protegido por el artículo 286 bis es la **libre competencia y la transparencia en las relaciones comerciales y deportivas**. El objetivo del precepto es salvaguardar la lealtad profesional y la igualdad de oportunidades en el entorno empresarial y deportivo, evitando cualquier intervención fraudulenta que distorsione la competencia y la correcta formación de la voluntad entre partes privadas. Así, en las relaciones comerciales se protege la integridad y el funcionamiento regular del mercado y, en el ámbito deportivo, la transparencia y equidad de las competiciones de especial relevancia.

Son **sujetos activos** de este delito, tanto **particulares** como ciertos cargos de las siguientes organizaciones:

- **En empresas mercantiles o sociedades** en general: los directivos, administradores, empleados o colaboradores que, por sí mismos o por persona interpuesta, «reciban, soliciten o acepten beneficios o *ventajas no justificadas de cualquier naturaleza, como contrapresta-ción para favorecer indebidamente a otro en la adquisición o venta de mercancías, contratación de servicios o relaciones comerciales».* (Apartado 1 del art. 286 bis del CP).

- **En entidades deportivas**: los directivos, administradores, empleados o colaboradores así como los deportistas, árbitros o jueces, *«respecto de aquellas conductas que tengan por finalidad predeterminar o alterar de manera deliberada y fraudulenta el resultado de una prueba, encuentro o competición deportiva de especial relevancia económica o deportiva»* (apartado 4 del art. 286 bis del CP).

El **sujeto pasivo** es la persona o entidad cuyos intereses y funcionamiento correcto se ven perjudicados por la alteración indebida de las condiciones de contratación, adquisición o venta de mercancías, prestación de servicios o resultados deportivos. Además, en sentido amplio, también es sujeto pasivo la colectividad en su conjunto, dado que tales conductas menoscaban la confianza en la transparencia, la libertad de mercado y la competencia leal.

|| Elemento subjetivo del tipo

El elemento subjetivo del tipo penal recogido en el artículo 286 bis es el **dolo**, es decir, la voluntad consciente de realizar la acción típica (recibir, solicitar, aceptar, ofrecer, prometer o conceder un beneficio o ventaja no justificados) con el propósito de favorecer indebidamente a alguien en el ámbito de las relaciones mercantiles, comerciales o deportivas.

Es imprescindible que el sujeto actúe con conocimiento y voluntad de la ilicitud, buscando como finalidad directa o indirecta el favorecimiento indebido. No cabe, por tanto, la comisión imprudente del delito, requiriéndose necesariamente esa intención de alterar o manipular el desarrollo normal de la contratación, la venta o adquisición de mercancías, la prestación de servicios o los resultados deportivos con el objetivo de obtener o proporcionar un beneficio injustificado como contraprestación.

2.2. Delitos de corrupción de funcionarios públicos en transacciones internacionales

Delitos de corrupción de funcionarios públicos en transacciones internacionales

El artículo 286 ter del CP castiga el soborno o intento de soborno de funcionarios a cambio de ventajas injustificadas en relaciones comerciales internacionales. Según su tenor literal:

> «1. Los que mediante el ofrecimiento, promesa o concesión de cualquier beneficio o ventaja indebidos, pecuniarios o de otra clase, corrompieren o intentaren corromper, por sí o por persona interpuesta, a una autoridad o funcionario público en beneficio de estos o de un tercero, o atendieran sus

solicitudes al respecto, con el fin de que actúen o se abstengan de actuar en relación con el ejercicio de funciones públicas para conseguir o conservar un contrato, negocio o cualquier otra ventaja competitiva en la realización de actividades económicas internacionales, serán castigados, salvo que ya lo estuvieran con una pena más grave en otro precepto de este Código, con las penas de prisión de tres a seis años, multa de doce a veinticuatro meses, salvo que el beneficio obtenido fuese superior a la cantidad resultante, en cuyo caso la multa será del tanto al triplo del montante de dicho beneficio.

Además de las penas señaladas, se impondrá en todo caso al responsable la pena de prohibición de contratar con el sector público, así como la pérdida de la posibilidad de obtener subvenciones o ayudas públicas y del derecho a gozar de beneficios o incentivos fiscales y de la Seguridad Social, y la prohibición de intervenir en transacciones comerciales de trascendencia pública por un periodo de siete a doce años.

2. A los efectos de este artículo se entenderá por funcionario público los determinados por los artículos 24 y 427».

Se sanciona a quienes, directa o indirectamente, ofrezcan, prometan o concedan beneficios indebidos a una autoridad o funcionario público, o atiendan a sus solicitudes, con el objetivo de influir en el ejercicio de funciones públicas para obtener o mantener ventajas competitivas en actividades económicas internacionales. Por funcionario público se entenderá:

«(…) todo el que por disposición inmediata de la Ley o por elección o por nombramiento de autoridad competente participe en el ejercicio de funciones públicas» (art. 24 del CP).

«a) Cualquier persona que ostente un cargo o empleo legislativo, administrativo o judicial de un país de la Unión Europea o de cualquier otro país extranjero, tanto por nombramiento como por elección.

b) Cualquier persona que ejerza una función pública para un país de la Unión Europea o cualquier otro país extranjero, incluido un organismo público o una empresa pública, para la Unión Europea o para otra organización internacional pública.

c) Cualquier funcionario o agente de la Unión Europea o de una organización internacional pública.

d) Cualquier persona a la que se haya asignado y que esté ejerciendo una función de servicio público que consista en la gestión, en los Estados miembros o en terceros países, de intereses financieros de la Unión Europea o en tomar decisiones sobre esos intereses» (art. 427 del CP).

Conducta típica: corrupción activa

Al contrario de lo que sucedía en el tipo anterior, el art. 286 ter del CP **sólo** contempla **conductas activas**: ofrecer, prometer, conceder beneficios o atender a las solicitudes de los funcionarios con el objetivo de influir para obtener o mantener ventajas competitivas en actividades económicas internacionales (**SAN n.º 3/2017, de 23 de febrero, ECLI:ES:AN:2017:493**).

El **AAP de Guipúzcoa n.º 344/2019, de 30 de diciembre, ECLI:ES:APSS:2019:1449A**, recuerda que es **requisito fundamental que la**

acción vaya dirigida a un funcionario: «*El art 286 ter exige como* **parte pasiva** *a una autoridad* **o funcionario público** *(...)*».

|| Marco penológico

El apartado 1 del art. 286 ter del CP indica que los autores de este delito serán castigados, salvo que ya lo estuvieran con una pena más grave en otro precepto del CP, a:

- Prisión de 3 a 6 años.
- Multa de 12 a 24 meses, salvo que el beneficio obtenido fuese superior a la cantidad resultante, en cuyo caso la multa será del tanto al triplo del montante de dicho beneficio.
- Y en todo caso:
  » Prohibición de contratar con el sector público.
  » Pérdida de la posibilidad de obtener subvenciones o ayudas públicas y del derecho a gozar de beneficios o incentivos fiscales y de la Seguridad Social.
  » Prohibición de intervenir en transacciones comerciales de trascendencia pública por un periodo de 7 a 12 años.

|| Bien jurídico protegido y sujetos del tipo

El delito de corrupción en transacciones internacionales protege la **transparencia en la contratación y actividad económica internacional**, pero también la **objetividad e imparcialidad de la función pública**. El art. 286 ter busca salvaguardar el correcto funcionamiento y la integridad de las funciones públicas frente a conductas corruptas, en particular aquellas que alteran la equidad y libre competencia en la realización de actividades económicas a nivel internacional, protegiendo así la confianza de la sociedad en la administración pública y el adecuado desenvolvimiento del tráfico económico.

Es **sujeto activo** de este tipo penal puede ser cualquier persona que, por sí misma o a través de persona interpuesta, ofrezca, prometa o conceda un beneficio o ventaja indebidos a una autoridad o funcionario público, o atienda sus solicitudes con el fin de influir en el ejercicio de sus funciones en el ámbito de actividades económicas internacionales. El sujeto pasivo es la Administración Pública, en tanto titular de la función pública cuya legalidad, imparcialidad y rectitud se pretende proteger. De forma indirecta, también se considera sujeto pasivo el conjunto de la sociedad, que es destinataria de una Administración íntegra y transparente.

> **CUESTIÓN**
>
> **Una empresa privada, a través de su director, ofrece una suma de dinero a un funcionario público para que este facilite la adjudicación de un contrato internacional en favor de dicha empresa. ¿Quién es el sujeto activo del delito tipificado en el artículo 286 ter del CP?**
>
> El sujeto activo del delito del artículo 286 ter del CP es el director de la empresa privada (el particular que ofrece el soborno), ya que es quien mediante el ofrecimien-

to, promesa o concesión de una ventaja indebida trata de corromper al funcionario público. El funcionario público, en este caso, es la persona destinataria del soborno, pero no el sujeto activo de este tipo penal concreto.

La diferencia principal con la figura delictiva del artículo anterior es el sujeto pasivo, que en este caso no es un directivo, administrador, empleado o colaborador de una empresa privada, sino un trabajador que representa al Estado y que tiene unas labores públicas. La especial diligencia que se le exige por su cargo fundamenta una mayor pena en este caso. Asimismo, puede ser sujeto pasivo la Administración pública a través del funcionario sobornado.

|| Elemento subjetivo del tipo

El elemento subjetivo del delito de corrupción en transacciones internacionales del art. 286 ter del CP es el **dolo específico**, consistente en la voluntad consciente de corromper o intentar corromper a una autoridad o funcionario público con la finalidad de que actúe o se abstenga de actuar en el ejercicio de sus funciones públicas, con el objetivo de conseguir o conservar un contrato, negocio o cualquier otra ventaja competitiva en la realización de actividades económicas internacionales. No basta, pues, con la mera realización de la conducta, sino que debe existir la intención concreta de obtener dicha ventaja competitiva a través de la corrupción del funcionario o autoridad.

2.3. Tipo agravado

Tipo agravado de delito de corrupción en los negocios

El artículo 286 quater del CP regula un **tipo agravado** para los delitos de los arts. 286 bis y 286 ter. Si los hechos a los que se refieren dichos artículos resultaran de especial gravedad, se impondrá la pena en su mitad superior, pudiéndose llegar hasta la superior en grado. A estos efectos, se considerará que los **hechos** son de **especial gravedad** cuando:

- El beneficio o ventaja tenga un valor especialmente elevado.
- La acción del autor no sea meramente ocasional.
- Se trate de hechos cometidos en el seno de una organización o grupo criminal.
- El objeto del negocio versara sobre bienes o servicios humanitarios o cualesquiera otros de primera necesidad.

En el caso del apartado 4 del art 286 bis (sobre la corrupción de los directivos, administradores, empleados o colaboradores de una entidad deportiva), los hechos se considerarán también de especial gravedad cuando:

- Tengan como finalidad influir en el desarrollo de juegos de azar o apuestas.
- Sean cometidos en una competición deportiva oficial de ámbito estatal calificada como profesional o en una competición deportiva internacional.

En definitiva, el artículo 286 quater permite una individualización rigurosa de la pena, ajustando su gravedad a la relevancia social y económica del delito. Al detallar taxativamente las circunstancias que agravan la conducta, el precepto reduce la discrecionalidad judicial y aumenta la seguridad jurídica. Asimismo, prevé respuestas más severas ante conductas reiteradas, profesionalizadas u organizadas, reforzando la función preventiva y disuasoria de la norma penal.

3.
BLANQUEO DE CAPITALES

Introducción general al delito de blanqueo de capitales

El delito de blanqueo de capitales, regulado en los artículos 301 del Código Penal al artículo 304 del Código Penal, constituye una figura central dentro de nuestro sistema jurídico contra la criminalidad económica y organizada.

Su configuración actual responde a un largo desarrollo legislativo en base a compromisos internacionales y a la necesidad interna de proteger la integridad del sistema económico y financiero frente a la infiltración de capital ilícito.

Desde una perspectiva político-criminal, el blanqueo cumple una doble **función**: por un lado la función **represiva** (sanciona conductas que permiten mantener en circulación beneficios delictivos, facilitando la continuidad de las actividades criminales y el fortalecimiento de sus estructuras delictivas) y una función **preventiva y de desincentivación.**

El legislador español ha consolidado finalmente una **figura autónoma**, no accesoria al delito previo (delito de receptación), orientada a neutralizar los beneficios económicos de actividades delictivas y evitar su canalización hacia la economía lícita. Dicha autonomía se proyecta procesalmente, no siendo necesario que el autor del delito de blanqueo haya sido condenado previamente como autor del delito antecedente, bastando con acreditar su existencia mediante prueba, normalmente indiciaria.

El delito de malversación no solo sanciona las fases tradicionales de transformación o conversión del capital ilícito, sino que también castiga los actos de posesión y utilización, así como las operaciones de ocultación, los actos sucesivos de reblanqueo y la modalidad imprudente del delito.

Aunque el delito presenta un marcado **carácter pluriofensivo**, su ubicación sistemática en los delitos contra el orden socioeconómico revela que su objeto de protección principal es la integridad del sistema económico y financiero, sin perjuicio de la tutela complementaria que se proyecta sobre la Administración de Justicia al dificultar la persecución del delito previo.

La regulación del delito de malversación se estructura de manera sistemática en torno al **tipo básico** del delito (artículo 301 del CP), el cual recoge una pluralidad de conductas y la modalidad imprudente; las circunstancias **agravantes** (artículo 302 del CP y artículo 303 del CP), las cuales intensifican la respuesta penal por estar la conducta vinculada a antecedentes especialmente graves, entre otras circunstancias; la **anticipación punitiva** (artículo 304 del CP), por la que se sanciona la provocación, conspiración y proposición del blanqueo de capitales; y la **responsabilidad penal de las personas jurídicas**, particularmente relevante en un ámbito en el que las estructuras societarias y financieras pueden servir de instrumento para el ocultamiento patrimonial.

Así pues, la figura del delito de blanqueo de capitales constituye una figura compleja, cuya comprensión requiere de un análisis pormenorizado.

3.1. El bien jurídico protegido en el delito de blanqueo de capitales

La protección del orden socioeconómico en el delito de blanqueo de capitales

El delito de blanqueo de capitales, regulado desde el artículo 301 al 304 del Código Penal, constituye una figura penal autónoma orientada a combatir las formas de criminalidad organizada y a impedir la incorporación al sistema económico de bienes procedentes de actividades delictivas.

¿Cuál es el bien jurídico protegido en el delito de blanqueo de capitales? El Tribunal Supremo ha venido considerando el delito de blanqueo de capitales como un **delito pluriofensivo**, es decir, un delito que **afecta a varios bienes jurídicos**, entre ellos cabe citar el orden socioeconómico, el bien jurídico del delito precedente o la Administración de Justicia (sentencia del Tribunal Supremo n.º 182/2014, de 11 de marzo, ECLI:ES:TS:2014:1013).

|| El blanqueo de capitales como un delito pluriofensivo

Tal y como señala la sentencia del Tribunal Supremo n.º 1075/2024, de 26 de noviembre, ECLI:ES:TS:2024:5917, el delito de blanqueo de capitales consta de un carácter pluriofensivo, es decir, que afecta a varios bienes jurídicos protegidos, aunque aclara que «*(...) aun tratándose de un tipo que ha sido doctrinalmente considerado como **pluriofensivo**, su ubicación dentro de los delitos contra el **orden socio económico** pone de relieve que **este es el bien jurídico que se protege de manera directa e inmediata** como respuesta a la criminalidad organizada, y en evitación de su incidencia en la economía lícita y en la estabilidad, seguridad y soberanía de los Estados, y en la credibilidad del sistema financiero en su conjunto*». Por tanto, la sentencia reconoce la doctrina que afirma el carácter pluriofensivo del delito de blanqueo de capitales, aunque **el bien jurídico protegido principal es el orden socioeconómico**. Así pues, aunque el delito pueda incidir en otros bienes jurídicos, el principal será el orden socioeconómico.

Esto es así porque el delito de blanqueo de capitales pone en grave riesgo el funcionamiento transparente del sistema económico y financiero, la estabilidad del mercado, la confianza en las instituciones económicas, la libre competencia y la integridad en sí misma del sistema financiero. De esta forma, el tipo delictivo protege el orden socioeconómico entendido como el conjunto de estructuras económicas que garantizan un mercado seguro y no contaminado por capital de origen ilícito.

En este sentido la sentencia del Tribunal Supremo n.º 331/2017, de 10 de mayo, ECLI:ES:TS:2017:2018, señala:

> «Así las cosas, y al seguir ubicado el precepto dentro de los delitos contra el orden socioeconómico, ha de entenderse que el bien jurídico se halla comprendido en ese ámbito. Se ha dicho por la doctrina que el orden socioeconómico más que un bien jurídico sería un **objetivo político criminal**, lo que unido a su naturaleza supraindividual dificultaría con su abstracción la concreción del bien tutelado por la norma. Sin embargo, ha de entenderse que **dentro del orden socioeconómico existen intereses concretos** susceptibles de ser tutelados materialmente por el sistema punitivo, tales como el interés del Estado en controlar el flujo de capitales procedentes de actividades delictivas ejecutadas a gran escala y que pueden menoscabar el sistema económico, y que afectan también al buen funcionamiento del mercado y de los mecanismos financieros y bursátiles (...)».

Igualmente, la STS n.º 158/2018, de 5 de abril, ECLI:ES:TS:2018:1284, la STS n.º 408/2015, de 8 de julio, ECLI:ES:TS:2015:3504 y la STS n.º 182/2014, de 11 de marzo, ECLI:ES:TS:2014:1013, entre otras, reconocen el carácter pluriofensivo del delito de blanqueo de capitales.

|| Protección de la Administración de Justicia

Secundariamente, el delito de blanqueo de capitales protege a la Administración de Justicia en general. Tal y como expone la sentencia del Tribunal Supremo n.º 331/2017, de 10 de mayo, ECLI:ES:TS:2017:2018: «*Por lo demás, tampoco debe obviarse que un sector posiblemente mayoritario de la doctrina mantiene que son dos los bienes jurídicos los que tutela la figura del blanqueo de capitales: la administración de justicia, al facilitar la persecución de los delitos antecedentes cometidos por el acusado que le permitieron obtener una importantísima cantidad de dinero, y el orden socioeconómico, criterio que también se ha acogido por algunas de las resoluciones de esta Sala*».

Igualmente, la STS n.º 165/2016, de 2 de marzo, ECLI:ES:TS:2016:1228, destaca la especial protección del «*(...) orden socioeconómico, aunque dado su carácter pluriofensivo también **protege intereses de la Administración de Justicia**, siendo distinto del que tutela el delito al que subsigue*».

Se pretende de esta manera evitar que el delincuente disfrute del beneficio del delito cometido, dificultando además la labor represiva del Estado, ya que el delito de blanqueo de capitales entorpece la averiguación del delito previo, oculta pruebas y favorece la impunidad.

3.2. Tipo básico del delito de blanqueo de capitales

El delito de blanqueo de capitales: tipo básico

El artículo 301 del Código Penal tipifica el tipo básico del delito de blanqueo de capitales, configurando una figura penal autónoma, dirigida a impedir la incorporación de bienes de origen delictivo dentro del flujo económico legal.

Este delito es pluriofensivo, aunque el bien jurídico protegido principal es el orden socioeconómico, sin perjuicio de la tutela accesoria a la Administración de Justicia.

La sentencia del Tribunal Supremo n.º 422/2025, de 8 de mayo, ECLI:ES:TS:2025:2160, ha establecido como elementos característicos del delito de blanqueo de capitales:

> «(...) en primer lugar, la **existencia de bienes procedentes de un delito**; en segundo lugar, **una conducta de las descritas en el artículo 301.1 CP**; en tercer lugar, que **ese acto tenga por finalidad ocultar o encubrir el origen ilícito del bien de que se trate o ayudar al autor del delito antecedente a eludir las consecuencias legales de sus actos**; y finalmente, **la existencia de dolo o imprudencia grave**».

Cabe resaltar, tal y como establece la sentencia mencionada, que «*(...) la **prueba** utilizable será generalmente **de carácter indiciario** y que indicios relevantes puede ser el incremento inusual del patrimonio; la utilización o uso del mismo con irregularidades que tiendan a disminuir o difuminar su titularidad o su procedencia; la inexistencia de negocios legales que expliquen tal incremento; y la relación del sujeto con actividades delictivas productoras de beneficios, según las máximas de experiencia (STS 362/2017, de 19 de mayo)*».

Elemento objetivo del delito de blanqueo de capitales: la conducta típica

Este tipo penal describe una pluralidad de comportamientos, que podemos agrupar en tres grandes **categorías**:

- Primera parte del apartado 1 del artículo 301 del CP: «*El que adquiera, posea, utilice, convierta, o transmita bienes, sabiendo que éstos tienen su origen en una actividad delictiva, cometida por él o por cualquiera tercera persona (...)*».

- Segunda parte del apartado 1 del artículo 301 del CP: «*(...) o realice cualquier otro acto para ocultar o encubrir su origen ilícito, o para ayudar a la persona que haya participado en la infracción o infracciones a eludir las consecuencias legales de sus actos (...)*».

- Apartado 2 del artículo 301 del CP: «*(...) la ocultación o encubrimiento de la verdadera naturaleza, origen, ubicación, destino, movimiento o derechos sobre los bienes o propiedad de los mismos, a sabiendas de que proceden de alguno de los delitos expresados en el apartado anterior o de un acto de participación en ellos*».

Además, el precepto legal se completa con disposiciones en relación con la **modalidad imprudente**.

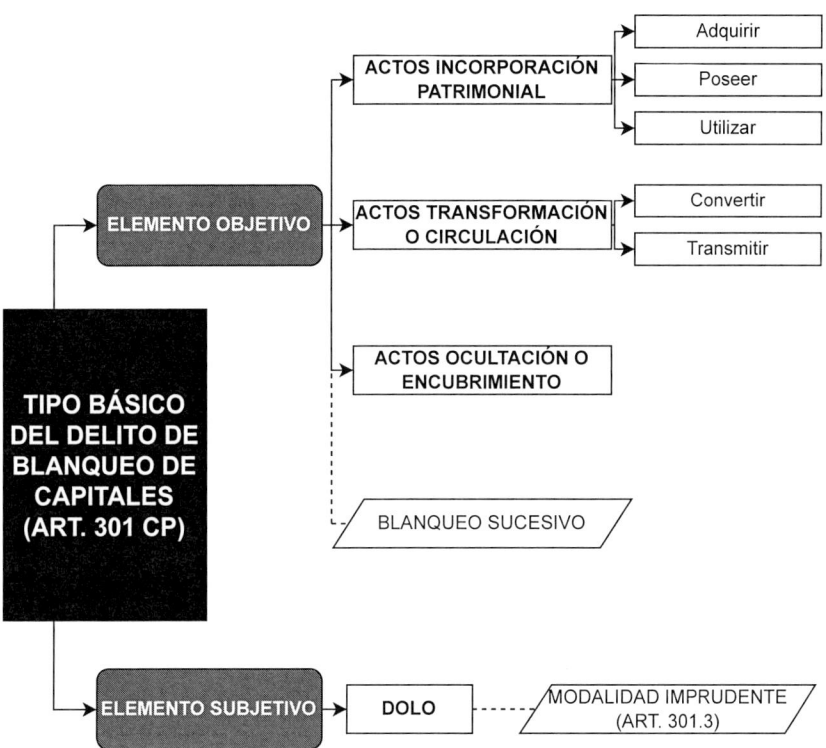

|| Actos de incorporación al patrimonio

Estos actos incluyen los verbos típicos de:

1. **Adquirir**. Hace referencia a la recepción de bienes ilícitos, a título oneroso o gratuito.

2. **Poseer**. La mera tenencia consciente de bienes ilícitos.

3. **Utilizar**. Emplear los bienes en cualquier actividad económica o personal.

Todas estas conductas reflejan una primera fase del blanqueo, en la que se asimila o maneja el producto del delito.

JURISPRUDENCIA

Sentencia del Tribunal Supremo n.º 222/2024, de 7 de marzo, ECLI:ES:TS:2024:1335

*«Además, ha de tenerse en cuenta, que una vez incorporadas a la tipicidad del blanqueo por la reforma de 2010 las conductas de "**poseer o utilizar**" se imponen necesariamente **excluir de la sanción penal como blanqueo comportamientos absolutamente inidóneos para comprometer el bien jurídico protegido por no estar orientados ni a ocultar o encubrir el origen ilícito de los bienes ni a ayudar a eludir la persecución del delito base.***

De otro modo la tipificación de la mera utilización o posesión de bienes de procedencia delictiva, sin más requisitos, conduciría a consecuencias absurdas, como ha destacado con acierto la doctrina, determinando una penalización desmedida, pues cualquier conducta de agotamiento de un delito con efectos económicos se podría sancionar como blanqueo, vulnerando el principio de lesividad material y el de proporcionalidad, así como la prohibición constitucional del "bis in ídem" en los supuesto de autoblanqueo, como se ha señalado recientemente por esta Sala. (STS 699/2015, de 17 de noviembre)».

|| Actos de transformación o circulación

Estos actos incluyen los verbos típicos de:

1. **Convertir**. Supone un intercambio de bienes de origen delictivo por otros de apariencia lícita.

2. **Transmitir**. Consiste en la cesión o desplazamiento patrimonial a terceros.

Estas conductas reflejan la fase de transformación o movilidad del capital ilícito, evitando así su rastreo.

JURISPRUDENCIA

Sentencia del Tribunal Supremo n.º 182/2014, de 11 de marzo, ECLI:ES:TS:2014:1013

«(...) las conductas descritas en el art. 301 integran el tipo penal del blanqueo de activos:

En primer lugar, el adquirir, convertir o transmitir 'bienes' sabiendo que provienen de la realización de un delito. Se trata de actos encaminados a introducir los bienes de ilícita procedencia en el mercado legal (STS 483/2007, de 4 de junio).

*La **adquisición** hace referencia al aumento del propio patrimonio, a título gratuito u oneroso. La posesión aparece en los instrumentos internacionales ratificados por España, pero no ha sido recogida por el legislador penal español hasta la LO.5/2010.*

*El '**convertir**' se refiere a la transformación de unos bienes en otros, la transformación de la naturaleza, o de la clase de bien de que se trate.*

*La '**transmisión**' implica la salida de los bienes del propio patrimonio, para incrementar el de otra persona.*

Estos tres verbos típicos se complementan con una cláusula abierta, 'cualquier otro acto', para ocultar o encubrir el origen ilícito, que se compadece mal con el principio de legalidad en su versión de tipicidad, provocando merma de la seguridad jurídica.

> *Y, finalmente, se habla de cualquier otro acto para ayudar a la persona que haya participado en la infracción o infracciones a eludir las consecuencias legales de sus actos. Se trataría de una conducta de favorecimiento real propia del encubrimiento, con el que entraría en concurso de normas (Cfr. STS 483/2007, de 4 de junio)».*

|| Actos de ocultación o encubrimiento

Consiste en las conductas de cualquier **acto idóneo para ocultar o encubrir**: el origen ilícito, la naturaleza, la ubicación, el destino, el movimiento, los derechos o la titularidad real de los bienes. Normalmente consisten en operaciones financieras (sociedades pantalla, testaferros, fraccionamiento de ingresos, etc.).

A mayores, el tipo incorpora expresamente los **actos destinados a ayudar a eludir las consecuencias legales** del delito precedente. Esta previsión refleja el carácter pluriofensivo del delito.

|| Blanqueo sucesivo

En este apartado se sancionan de forma independiente las conductas de ocultación o encubrimiento de las características del bien (naturaleza, origen, ubicación, destino, movimiento o derechos sobre el mismo), siempre que el autor sepa su origen delictivo. Esto es lo que se conoce como **blanqueo sucesivo**, definido en la sentencia del Tribunal Supremo n.º 182/2014, de 11 de marzo, ECLI:ES:TS:2014:1013, como aquel que consiste en blanquear el resultado de lo ya blanqueado en un delito previo.

Elemento subjetivo del delito de blanqueo de capitales: el conocimiento

El delito de blanqueo de capitales exige que el **autor conozca el origen delictivo de los bienes**, aunque no será preciso conocer la naturaleza exacta del delito previo, su autoría ni su calificación jurídica. Bastará con el conocimiento de que los bienes proceden de una actividad ilícita, incluso cometida por él/ella mismo/a.

> **A TENER EN CUENTA**. El artículo 301 del Código Penal admite expresamente el autoblanqueo, evitando de esta manera que el propio autor del delito precedente pueda introducir sus ganancias ilícitas en la economía legal sin responsabilidad penal adicional.

Modalidad imprudente del delito de blanqueo de capitales

El apartado 3 del artículo 301 del Código Penal castiga también a quien, por **imprudencia grave**, realiza la conducta típica del blanqueo de capitales. Se exige a mayores:

1. Omisión de la diligencia debida.
2. Posibilidad real de conocer el origen ilícito.
3. Carácter grave de la inobservancia.

Esta modalidad es aplicada con mayor frecuencia a profesionales sujetos a obligaciones de control, como pueden ser entidades financieras, abogados, empresarios o agentes inmobiliarios, entre otros.

Penología del delito de blanqueo de capitales

Las penas correspondientes al tipo básico son:

- Prisión de 6 meses a 6 años.
- Multa de hasta el triple del valor de los bienes.
- Pena facultativa de inhabilitación especial de 1 a 3 años.
- Pena facultativa de clausura temporal (hasta 5 años) o definitiva del establecimiento.

A TENER EN CUENTA. Conforme al apartado 1 del artículo 301 del Código Penal, *in fine*, se podrá agravar la pena en su mitad superior si los bienes proceden de delitos de tráfico de drogas o de delitos de corrupción pública y privada y otros delitos económicos.

Necesidad de actividad delictiva previa al delito de blanqueo de capitales

Es evidente que este tipo penal exige como presupuesto esencial la existencia de una actividad delictiva previa al delito de blanqueo de capitales, de la cual procedan los bienes objeto de la conducta típica.

La jurisprudencia del Tribunal Supremo ha definido los requisitos que debe tener el delito previo (SSTS n.º 1130/2024, de 11 de diciembre, ECLI:ES:TS:2024:6210 y n.º 312/2020, de 15 de junio, ECLI:ES:TS:2020:4527, entre otras): «*(...) acreditar la existencia de un delito previo como origen de los bienes blanqueados; que ese delito sea capaz de generar beneficios económicos; la conexión entre el delito y los beneficios acreditados, de manera que pueda afirmarse de forma suficientemente consistente que tienen su origen en aquel; y la realización de operaciones, descritas en el tipo, con la finalidad de encubrir u ocultar el origen delictivo de dichos bienes, (...)*».

CUESTIONES

1. ¿Es necesaria una sentencia condenatoria por el delito previo?

No, no es imprescindible la condena previa. Tal y como expresa la ya mencionada STS n.º 312/2020, de 15 de junio, ECLI:ES:TS:2020:4527, «No es necesaria, sin embargo, una condena previa por el delito origen de los bienes, ni tampoco una descripción exhaustiva de la actividad delictiva previa. En este sentido, del artículo 3.3.b) de la Directiva 2018/1673 del Parlamento Europeo y del Consejo de 23 de octubre, se desprende que no es necesario para la condena por delito de blanqueo que se establezcan 'todos los elementos fácticos o todas las circunstancias relativas a dicha actividad delictiva, incluida la identidad del autor'. Ello no reduce, sin embargo, la necesidad de descubrir suficientemente una conducta que pueda ser constitutiva del delito y que sea el origen de los bienes blanqueados (STS 617/2018, de 3 de diciembre)».

2. ¿Qué tipo de prueba se utiliza habitualmente para acreditar la existencia de delito?

La prueba, como ya se ha mencionado anteriormente, suele ser **indiciaria**, pero deberá apoyarse en indicios acreditados, convergentes y razonados. Entre los más utilizados, destaca la sentencia del Tribunal Supremo n.º 644/2018, de 13 de diciembre, ECLI:ES:TS:2018:4217, y las allí citadas, los siguientes:

- Incremento inusual del patrimonio o manejo de cantidades de dinero elevadas.
- Inexistencia de negocios lícitos que justifiquen los ingresos.
- Vinculación con actividades ilícitas.
- Importancia de la cantidad del dinero blanqueado.
- Lo inusual o desproporcionado del incremento patrimonial del sujeto.
- Naturaleza y características de las operaciones económicas. El uso abundante de dinero en metálico constituye un indicio relevante.
- Debilidad a cerca de las explicaciones acerca del origen lícito de los capitales.
- Existencia de sociedades pantalla o entramados financieros simulados. Se menciona la utilización de estructuras empresariales sin actividad real acreditada para en cubrir los flujos ilícitos.
- Operativa enmascarada, por ejemplo, la operativa *hawala*.
- Manejo de fondos no declarados.

Por tanto, la jurisprudencia considera la concurrencia de múltiples y rotundos indicios, que conectados entre sí permiten inferir con racionalidad la comisión del delito de blanqueo de capitales por el condenado.

3. ¿Qué ocurre si el delito previo, o los propios actos de blanqueo se cometen en el extranjero?

El apartado 4 del artículo 301 del Código Penal extiende la punibilidad del blanqueo a los casos en los que el delito antecedente o los actos típicos se hayan cometido **total o parcialmente fuera de España**.

Cabe resaltar el extracto de la sentencia del Tribunal Supremo n.º 974/2016, de 23 de diciembre, ECLI:ES:TS:2016:5654, de la que se desprende en relación con el citado artículo que: «En efecto, el apartado 4º del art. 301 establece que 'el culpable será igualmente castigado aunque el delito del que provinieren los bienes, o los actos penados en los apartados anteriores hubiesen sido cometidos, total o parcialmente, en el extranjero'. Se trata, por tanto, de una **disposición de claro sabor procesal** que ha sido incluida en el código penal con notoria descolocación sistemática. La redacción de este precepto sugiere que el **delito de blanqueo se sujeta a un incondicionado criterio de persecución extraterritorial**, equiparando la tutela penal del equilibrio del sistema financiero a la que reclaman otros bienes jurídicos de incuestionada validez para la comunidad nacional. Sin embargo, por mayor interés que revele el legislador en sortear los límites ordinarios en la aplicación de la ley penal, mal puede hablarse de una actividad de blanqueo de capitales si las ganancias no provienen de un delito. La **necesidad de un delito antecedente -una actividad delictiva dice textualmente el art. 301 del CP - opera como una exigencia del tipo**, sin el cual el juicio de subsunción se desmorona. Y parece evidente que el carácter conexo del delito de blanqueo de capitales, tal y como está anunciado en la querella, no puede proclamarse en ausencia de un delito principal calificable como tal en el lugar de comisión o, al menos, perseguible en nuestro sistema».

3.3. Tipos agravados en el delito de blanqueo de capitales

El incremento punitivo en el delito de blanqueo de capitales

El delito de blanqueo de capitales, regulado en los artículos 301 al 304 del Código Penal, contempla una serie de circunstancias agravadas que incrementan la pena cuando concurren elementos que revelan una evidente mayor peligrosidad o capacidad lesiva de la acción de blanqueo.

Estas agravaciones responden a una política criminal con el propósito de combatir las formas más graves, organizadas y sofisticadas de introducción de bienes ilícitos en el mercado legal.

Los **tipos agravados** del delito de blanqueo de capitales se encuentran desglosados en:

- **Agravaciones por la naturaleza del delito previo** (artículo 301 del Código Penal, apartado primer, párrafos segundo y tercero).

- **Agravaciones por organización criminal y por sujetos obligados** (artículo 302 del Código Penal, apartado 1).

- **Agravación por la condición profesional del autor** (artículo 303 del Código Penal).

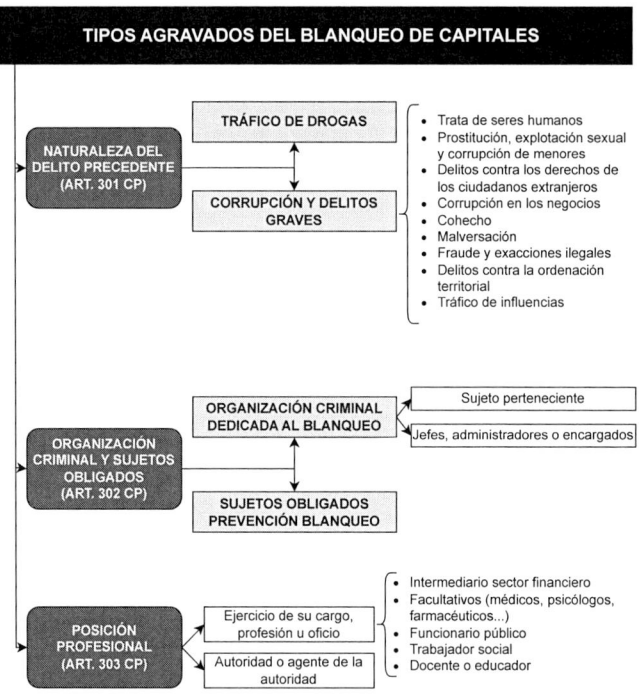

|| Agravación por la naturaleza del delito precedente

Dentro de este agravante, que aumenta la pena en su **mitad superior**, se distinguen dos bloques de delitos previos que justifican la imposición de dicha pena agravada.

- **Bienes procedentes del tráfico de drogas**. Si los bienes tienen su origen en delitos de tráfico de drogas o sustancias psicotrópicas, la pena base del artículo 301 del Código Penal (prisión de seis meses a seis años y multa del tanto al triplo), se impondrá en su mitad superior, sin perjuicio de aplicar el decomiso reforzado (artículo 374 del CP). Esta agravación responde a la necesidad de desarticular las estructuras financieras del narcotráfico.

- **Bienes procedentes de delitos de corrupción y otros delitos graves**. En este caso la agravante responde a la finalidad de hacer frente a las economías delictivas derivadas de la corrupción, consideradas especialmente lesivas para la confianza pública y la integridad institucional. Se impondrá la pena en su mitad superior cuando los bienes provengan de los delitos de:

  » Trata de seres humanos.

  » Prostitución, explotación sexual y corrupción de menores.

  » Delitos contra los derechos de los ciudadanos extranjeros.

  » Corrupción en los negocios.

  » Cohecho.

  » Malversación.

  » Fraude y exacciones ilegales.

  » Delitos contra la ordenación territorial.

  » Tráfico de influencias, corrupción internacional, etc.

|| Agravación por organización criminal y sujetos obligados

El apartado 1 del artículo 302 del Código Penal contiene las modalidades agravadas cuando la conducta se realiza en el seno de una organización criminal o por sujetos obligados en el ejercicio de su actividad profesional a la prevención.

- **Pertenencia a organización criminal dedicada al blanqueo**.

  » Si el autor **pertenece** a una organización criminal destinada a actividades de blanqueo, se impondrá la pena prevista en el artículo anterior en su **mitad superior**.

  » Si el autor es **jefe, administrador o encargado** de dicha organización, se impondrá la pena **superior en grado**.

JURISPRUDENCIA

Sentencia del Tribunal Supremo n.º 366/2019, de 17 de julio, ECLI:ES:TS:2019:2586

La jurisprudencia del TS ha establecido de forma reiterada los requisitos para apreciar la existencia de una organización criminal.

«'Como dijimos en la STS de 26 de marzo de 2013 hay que partir de que el concepto de organización es relativamente indeterminado (como ocurren con otros tantos conceptos jurídicos) y en general su apreciación requiere:

a) Una pluralidad de personas.

b) Una cierta organización interna y estructura.

c) Una distribución de cometidos o roles.

d) Un fin al que todos coadyuvan.

e) Una dotación de medios idóneos instrumentales aptos.

f) Una cierta estabilidad o vocación de permanencia, aunque sea para alguna operación concreta y no exija una estabilidad indeterminada en el tiempo.

Por ello, es claro que la organización y su pertenencia a ella es algo cualitativamente distinto a la mera coautoría o consorciabilidad criminal».

Sentencia del Tribunal Supremo n.º 362/2017, de 19 de mayo, ECLI:ES:TS:2017:2019

Las exigencias mencionadas anteriormente deben referirse a las actividades de blanqueo, y no al delito previo generador de los bienes ilícitos.

«El artículo 302 del Código Penal, (...), prevé un incremento de las penas previstas en el artículo 301, cuando se trate de personas que pertenezcan a una organización criminal dedicada a dichos fines señalados en dicho artículo. Esos fines son, precisamente los actos de blanqueo que se describen en el artículo 301, por lo que los requisitos de la organización deben concurrir en relación con las actividades de blanqueo y no respecto de las que constituyen el delito antecedente. Así se desprende con claridad de la redacción literal del precepto y resulta coherente con la finalidad del mismo, que sanciona los actos de blanqueo y no el delito previo del que preceden los bienes blanqueados».

CUESTIÓN

¿Vulnera el principio de *non bis in idem* condenar por blanqueo de capitales a quien ya es condenado por tráfico de drogas en el seno de una organización criminal?

La sentencia del Tribunal Supremo n.º 997/2012, de 5 de diciembre, ECLI:ES:TS:2012:8676, resuelve un caso en el que un ciudadano es acusado de formar parte de una organización criminal dedicada al tráfico de drogas y, además, de gestionar las ganancias y coordinar su traslado al extranjero, realizando cambios de divisas y utilizando "correos" que transportaban el dinero fuera de España. El acusado es condenado tanto por un delito contra la salud pública (tráfico de drogas) agravado por organización, como por un delito de blanqueo de capitales también agravado por organización.

El TS sentencia que **no existe vulneración del principio non bis in idem cuando se aplica la agravante de organización en el delito contra la salud pública y en el blanqueo de capitales, ya que ambos delitos tutelan bienes jurídicos** distintos (la salud pública y el orden socioeconómico, respectivamente) y cada uno de ellos prevé y sanciona específicamente la modalidad agravada de organización criminal para proteger más intensamente ese bien jurídico.

El Tribunal explica que solo se produciría una vulneración del principio non bis in idem si, además de aplicar el subtipo agravado de organización en ambos delitos, se condenara también por el delito autónomo de organización (artículo 570 del Código Penal). Sin embargo, la acumulación de la agravante en los dos delitos distintos es procedente, pues no se valora dos veces el mismo hecho en perjuicio del reo, sino que se sancionan conductas distintas por afectar a bienes jurídicos diferentes, a pesar de que deriven del mismo contexto fáctico de actuación organizada.

Por tanto, en este caso, la aplicación de la agravante de organización en ambos delitos es conforme a derecho, no supone una doble incriminación, y no infringe el principio *non bis in idem*.

- **Condición de sujeto obligado**. El párrafo segundo del apartado 1 del artículo 302 del CP establece que, si el autor del delito de blanqueo de capitales es un sujeto obligado conforme a la **normativa de prevención** de blanqueo de capitales y de financiación del terrorismo, se impondrá la pena en su **mitad superior**. Esta agravación responde a la especial confianza depositada en dichos profesionales, que podrán ser entidades financieras, auditores, asesores fiscales, notarios..., cuyo incumplimiento incrementa notablemente el riesgo del sistema.

A TENER EN CUENTA. Si resulta responsable una persona jurídica, conforme a lo establecido en el apartado 2 del artículo 302 del Código Penal, se impondrá la pena de multa de 2 a 5 años si el delito cometido lleva aparejada pena de prisión de más de 5 años; o multa de 6 meses a 2 años en el resto de los casos. A mayores, podrán imponerse las penas previstas en el artículo 33.7. del CP (disolución, suspensión de actividades, clausura de locales, prohibiciones de operar, intervención judicial...).

‖ Agravación por posición profesional

El artículo 303 del Código Penal establece la agravación vinculada al abuso de un cargo profesional, que incrementa tanto la capacidad de facilitar el blanqueo como la gravedad o desvalor de la acción cometida.

- Si el blanqueo se comete en **ejercicio de su cargo, profesión u oficio** de intermediario en el sector financiero, facultativo (médicos, psicólogos, titulados sanitarios, veterinarios, farmacéuticos y sus dependientes), funcionario público, trabajador social, docente o educador, en el ejercicio de su cargo, profesión u oficio, se le impondrá además de las penas previstas, la pena de **inhabilitación especial** de 3 a 10 años.

- Si el blanqueo se comete por **autoridad o agente de la autoridad**, se impondrá además la pena de **inhabilitación absoluta** de 10 a 20 años.

Anticipación punitiva

Por último, cabe resaltar que el artículo 304 del Código Penal castiga la **provocación, conspiración y proposición** para cometer blanqueo con la pena **inferior en uno o dos grados**, evidenciando la relevancia preventiva de este delito.

4.
FRAUDES Y EXACCIONES ILEGALES

Delitos contra la Administración: fraudes y exacciones ilegales

Los fraudes y exacciones ilegales forman parte de los delitos contra la Administración Pública regulados en el título XIX del libro II del CP. Se contienen en su capítulo VIII, que abarca los artículos 436 a 438 bis. Estos tipos penales son los siguientes:

- Delito de fraude (art. 436 del CP).
- Delito de exacciones ilegales (art. 437 del CP).
- Delito de abuso de cargo para cometer estafa o fraude (art. 438 del CP).
- Delito de enriquecimiento injustificado de funcionario público (art. 438 bis del CP).

Estos delitos tienen como finalidad principal la protección del correcto funcionamiento de la Administración Pública, garantizando la legalidad en su actuación. Las conductas sancionadas implican abusos de poder por parte de autoridades o funcionarios públicos, connivencia con particulares para defraudar al erario público y/o exigencia de derechos indebidos.

> **A TENER EN CUENTA**. Según el art. 445 del CP, la provocación, la conspiración y la proposición para cometer los delitos previstos en el título XIX, «Delitos contra la Administración pública», se castigará, respectivamente, con la pena inferior en uno o dos grados.

4.1. Delito de fraude contra la Administración pública

Delito de fraude contra la Administración pública

El artículo 436 del CP tipifica como delito el fraude realizado en el ámbito de la contratación pública o en la gestión de haberes públicos. Dependiendo del sujeto activo, que podrá ser una autoridad/funcionario o un particular, la conducta típica será diferente. El delito será cometido por:

- **La autoridad o funcionario** que emplee artificios o se ponga de acuerdo con los interesados para defraudar a un ente público en el seno de un procedimiento de contratación pública o en la gestión de bienes o haberes públicos.

- **El particular** que colabore con aquél en las conductas descritas.

El marco sancionador incluye penas de **prisión de 2 a 6 años** para el funcionario y el particular implicados, así como las siguientes **inhabilitaciones** para cada uno:

- Inhabilitación especial para empleo o cargo público y para el ejercicio del derecho de sufragio pasivo por **entre 6 y 10 años**, en el caso de autoridades y funcionarios.

- Inhabilitación para obtener subvenciones, contratar con el sector público y disfrutar de beneficios fiscales o de la Seguridad Social por un periodo **de 2 a 7 años**, en el caso de los particulares.

El precepto, que responsabiliza al particular partícipe, equipara en gran medida su reproche penal al del funcionario, con base en la finalidad preventiva y de desincentivo hacia cualquier complicidad en la defraudación de fondos públicos.

CUESTIÓN

Un concejal de un ayuntamiento participa en la mesa de contratación para adjudicar la construcción de una obra pública. Durante el proceso, acuerda con una empresa interesada facilitarle información confidencial del expediente a cambio de una contraprestación económica. Finalmente, la empresa resulta adjudicataria a través de diversos artificios en la valoración de las ofertas. ¿Podrían ser responsables penales tanto el concejal como el representante de la empresa adjudicataria conforme al art. 436 del CP?

Sí, ambos serían responsables conforme al art. 436 del CP. El concejal, por ser funcionario público y utilizar su cargo y artificios para defraudar al ente público en el proceso de contratación, y el representante de la empresa por concertarse con aquel en la conducta fraudulenta. A ambos se les podría imponer la pena de prisión (de dos a seis años), así como las correspondientes inhabilitaciones específicas previstas en el artículo para cada tipo de sujeto.

En la **STS n.º 507/2020, de 14 de octubre, ECLI: ES:TS:2020:3191**, la parte recurrente alega la indebida aplicación del art. 436 CP en la sentencia condenatoria, por no existir ni el elemento objetivo, es decir, la defraudación —ya que no se describe el perjuicio al ayuntamiento—, ni el elemento subjetivo (el dolo).

La Sala rebate tal argumento señalando que el delito de fraude a la Administración es de **mera actividad**, de modo que «*(...) no es preciso la existencia de un concreto perjuicio, sino su persecución por parte de los funcionarios públicos (...) que se conciertan con el interesado en la actuación administrativa*».

Añade el Alto Tribunal que el **elemento subjetivo** del injusto es identificado con la preposición «para», describiendo la finalidad pretendida. «*La defraudación consiste siempre en el quebrantamiento de una especial relación de confianza. No requiere que el funcionario se haya enriquecido personalmente, ni que la administración correspondiente haya sido sujeto pasivo de una acción que le haya dañado efectivamente su patrimonio. El delito, por el contrario, se consuma por el quebrantamiento de los deberes especiales que incumben al funcionario, generando un peligro para el patrimonio de la entidad pública*».

Sobre el **bien jurídico protegido**, la sentencia señala que «*Se trata de un delito que protege tanto el lícito desempeño en la función pública como el patrimonio público frente a los riesgos que el incumplimiento de los deberes el cargo puede generar al mismo*».

4.2. Delito de exacciones ilegales

Delito de exacciones ilegales

La acción típica del delito previsto en el art. 437 del CP consiste en exigir —autoridad o funcionario público—, directa o indirectamente, los derechos, aranceles o minutas **indebidos o excesivos**. Consiste en una conducta activa, la exacción o exigencia, que se caracteriza por una iniciativa o acción positiva de la autoridad o funcionario, único sujeto activo de este tipo penal.

> **A TENER EN CUENTA**. Los ofrecimientos de los particulares en este sentido deben remitirse al delito de cohecho.

Esta conducta típica admite dos modalidades:

- Exigencia basada en el engaño: en este caso, se exige una cantidad haciendo creer al ciudadano perjudicado que está obligado a abonarla.

- Exigencia mediante coerción: en cuyo caso se exige el abono de una cantidad indebida o excesiva como requisito para obtener un servicio.

Las penas aplicables por la comisión de este delito son multa de 6 a 24 meses y de suspensión de empleo o cargo público por tiempo de 6 meses a 4 años.

CUESTIÓN

Marta, funcionaria de la Dirección General de Tráfico, cobra una tarifa de 100 euros por la expedición de un permiso de conducir, a pesar de que la tarifa legalmente establecida es de 60 euros. Marta justifica el cobro argumentando que «así lo hacen todos en la oficina». ¿Es constitutivo de delito el acto realizado por Marta?

Sí, el acto de Marta constituye un delito tipificado en el art. 437 del CP, ya que, como funcionaria pública, exigió una tarifa superior a la legalmente señalada para un trámite administrativo, incurriendo así en una conducta sancionada penalmente.

La **STS n.º 225/2016, de 31 de marzo, ECLI:ES:TS:2016:1302**, perfila jurisprudencialmente los **elementos típicos** de esta figura delictiva que, según la Sala, «*(...) accede de forma muy ocasional a la casación*»:

- **Sujeto activo**: el delito puede ser cometido por cualquier autoridad o funcionario público, siempre que concurran los demás elementos del tipo.

- **Objeto material**: incluye derechos, tarifas, aranceles o minutas que sean indebidos o excesivos. La jurisprudencia ha ampliado el concepto de «derechos» para incluir tasas, impuestos ilegales y cantidades percibidas por servicios que no estén debidamente establecidos mediante procedimiento administrativo. En el caso de autos, el alcalde exigió arbitrariamente el pago de 2.000 euros a comerciantes, sin que dichas cantidades estuvieran reguladas legalmente, lo que cumple con el objeto material del delito.

- **Acción típica**: la exigencia, directa o indirecta, de derechos, aranceles o minutas indebidos o excesivos implica una iniciativa activa por parte de la autoridad o funcionario, mediante engaño o coerción. En el caso analizado, el alcalde condicionó la instalación de chiringuitos al pago de una cantidad arbitraria, lo que constituye una modalidad coercitiva de la acción típica.

- **Elemento subjetivo**: el delito de exacción ilegal es doloso, es decir, requiere la intención de realizar la conducta típica, aunque no exige expresamente el ánimo de lucro. Aclara la sentencia que este tipo penal también se aplica cuando las cantidades exigidas se destinan a la administración o a terceros, como ocurrió en el caso analizado, donde los fondos se utilizaron para sobresueldos de agentes municipales y no en beneficio propio. En palabras del Supremo, «*lo relevante en este delito no es evitar el enriquecimiento injusto de los autores, sino evitar el abuso que los funcionarios o autoridades pueden realizar de su posición exigiendo a los ciudadanos el pago de cantidades que, simplemente, no se hayan establecido a través de un procedimiento legal*».

En conclusión, el delito de exacción ilegal protege el correcto funcionamiento de la Administración pública y el patrimonio de los administrados, sancionando el abuso de autoridad en la exigencia de pagos indebidos o excesivos, independientemente de si existe ánimo de lucro o beneficio personal.

4.3. Delito de estafa o fraude contra la Seguridad Social por funcionario público

Delito de estafa o fraude contra la Seguridad Social por funcionario público

El art. 438 del CP establece que la autoridad o funcionario público —sujeto activo— que, abusando de su cargo, cometa un delito de estafa o fraude de prestaciones del Sistema de Seguridad Social del art. 307 ter del CP, será sancionado con:

- Las penas de los apartados 1 y 2 del art. 307 ter del CP, en su mitad superior, pudiendo incrementarse hasta la superior en grado. Estas son:
  - » Prisión de 6 meses a 3 años.
  - » Multa del tanto al séxtuplo del montante defraudado, si los hechos no revisten especial gravedad en cuanto a importe, medios y circunstancias personales.
  - » Pérdida de subvenciones y beneficios fiscales o de la SS de 3 a 6 años.
  - » Penas agravadas en caso de fraude superior a 50.000 euros, organización criminal u ocultación de la identidad del responsable: prisión de 2 a 6 años y multa del tanto al séxtuplo más la pérdida de subvenciones y beneficios fiscales o de la SS de 4 a 8 años).
- Inhabilitación especial para empleo o cargo público y para el ejercicio del derecho de sufragio pasivo durante un período de 3 a 9 años, excepto si otra disposición del Código Penal impone una pena más grave para los hechos cometidos.

Tanto art. 307 ter del CP como el art. 438 del CP castigan delitos de estafa y fraude a la SS, pero a diferencia del art. 307 ter, el art. 438 solo se aplica a autoridades o funcionarios públicos que abusen de su cargo, razón por la cual las penas son más graves. Según el Tribunal Supremo en la **sentencia n.º 545/2018, de 13 de noviembre, ECLI:ES:TS:2018:3873**:

> «El precepto sanciona a 'La autoridad o funcionario público que, abusando de su cargo, cometiere algún delito de estafa', precisando por ello que el comportamiento derive del **abuso del cargo** por función, destino o por cualquier otra relación que se conexione con la condición de autoridad o de funcionario público que tuviera el culpable. Resulta así **irrelevante que el comportamiento** que se enjuicie **se desarrolle en el ámbito estricto de las funciones** que hayan sido específicamente **atribuidas** al sujeto activo con ocasión de su relación jurídica funcionarial, **bastando con que la condición de autoridad o funcionario permita o facilite la conducta prevista en el tipo común de la estafa, y que el comportamiento reprochado comprometa directa o indirectamente los intereses públicos**. En todo caso, el carácter público aparece ínsito en la norma sustantiva, impo-

sibilitando apreciar la agravante genérica por proscripción del bis in idem. Como dijimos en nuestra Sentencia 161/2002, de 4 de febrero, el tipo penal que contemplamos 'ya contiene una agravación penal y que constituye la norma específica -Ley especial-, que desplaza a la genérica'».

4.4. Delito de enriquecimiento injustificado de cargos públicos

|| **Delito de enriquecimiento injustificado de cargos públicos**

El delito previsto en el art. 438 bis del CP, introducido por la LO 14/2022, de 22 de diciembre, sanciona a la **autoridad** que, durante el desempeño de su función o cargo y hasta 5 años después de haber cesado, hubiera obtenido un incremento patrimonial o una cancelación de obligaciones o deudas por valor superior a 250.000 euros respecto a sus ingresos acreditados, y **se negara abiertamente a justificarlos** (inversión de la carga de la prueba).

La **pena** impuesta al sujeto activo es de prisión de 6 meses a 3 años, multa del tanto al triplo del beneficio obtenido, e inhabilitación especial para empleo o cargo público y para el ejercicio del derecho de sufragio pasivo por tiempo de 2 a 7 años.

5.
INFIDELIDAD EN LA CUSTODIA DE DOCUMENTOS Y REVELACIÓN DE SECRETOS

Delitos contra la Administración: infidelidad en la custodia de documentos y revelación de secretos

El capítulo IV *«De la infidelidad en la custodia de documentos y de la violación de secretos»* del título XIX, libro II del CP, regula en los artículos 413 a 418 los delitos cometidos por autoridades o funcionarios públicos en relación con la custodia de documentos y la revelación de información que no debe ser divulgada. La finalidad de este conjunto normativo no es otra que garantizar el correcto funcionamiento de la Administración pública, protegiendo la confidencialidad y la integridad de la información manejada por los servidores públicos en el ejercicio de sus funciones.

Los artículos que conforman este capítulo establecen penas proporcionales a la gravedad de las conductas y los daños ocasionados, reflejando la importancia de la responsabilidad y el deber de sigilo en el manejo de información pública. Asimismo, buscan preservar la confianza en la Administración pública y proteger tanto los intereses colectivos como los derechos individuales relacionados con la privacidad y la seguridad de la información. En este sentido, se sancionan conductas como la sustracción, destrucción o revelación de documentos y secretos, así como el aprovechamiento indebido de información privilegiada, ya sea por parte de funcionarios públicos o por particulares encargados accidentalmente de la custodia de dichos documentos.

Delito de infidelidad en la custodia de documentos de la Administración

Los delitos de infidelidad en la custodia de documentos por parte de funcionarios públicos se hallan tipificados en los arts. 413 a 416 del CP.

Sustracción, destrucción, inutilización u ocultación total o parcial de documentos

El artículo 413 del CP establece que la autoridad o funcionario público que, **a sabiendas**, sustraiga, destruya, inutilice u oculte total o parcialmente documentos bajo su custodia debido a su cargo, será condenado a las siguientes **penas**:

- Prisión de 1 a 4 años.
- Multa de 7 a 24 meses.
- Inhabilitación especial para empleo o cargo público de 3 a 6 años.

El precepto sanciona severamente las conductas dolosas de manipulación ilícita de documentos por parte de funcionarios encargados de su custodia, delimitando con precisión el sujeto activo —exigiendo la condición de autoridad o funcionario— y exigiendo el elemento subjetivo del **dolo**, especificando que las acciones deben realizarse «a sabiendas», lo que implica una actuación consciente y voluntaria. Asimismo, la concreción de las conductas castigadas —sustracción, destrucción, inutilización u ocultación, tanto total como parcial— asegura una cobertura amplia frente a distintas formas de ataque contra la integridad documental. Cumpliendo con los principios de taxatividad y proporcionalidad, el art. 413 del CP evita interpretaciones amplias mediante la exigencia de dolo específico y delimitando claramente las conductas sancionadas, constituyendo un instrumento adecuado para disuadir y reprimir conductas lesivas de la integridad de la documentación pública.

El presente tipo penal aspira a la protección de la función pública y la confianza en la Administración, castigando el quebrantamiento de los deberes de custodia documental, elemento esencial para la transparencia y legalidad administrativa. La graduación de las sanciones —prisión, multa e inhabilitación especial— refleja la gravedad que el legislador atribuye a la deslealtad funcionarial y su potencial impacto sobre el interés público.

> **RESOLUCIÓN RELEVANTE**
>
> **Sentencia del Tribunal Supremo n.° 94/2022, de 25 de marzo, ECLI:ES:TS:2022:958**
>
> «(...) pues las concretas conductas en las que se materializó cada uno de esos actos de 'manipulación' -detalladamente descritas en sede de hechos probados, documento por documento- resultan plenamente subsumibles dentro del tipo penal de infidelidad en la custodia de documentos, toda vez que *la doctrina ha interpretado de forma amplia y finalística la acción descrita con los verbos nucleares empleados por el propio tipo (sustraer, ocultar, inutilizar, destruir total o parcialmente) de modo que tengan encaje en tal precepto todas aquellas conductas que, con los demás requisitos exigidos legalmente, impidan que el documento afectado por la conducta pueda desplegar los fines que le son propios en el ámbito jurídico que le corresponde.* Por tanto, habiendo especificado la Magistrada a quo que las conductas que genéricamente cataloga como 'manipulación' consistieron en dar de baja o por terminados procedimientos que no estaban finalizados, en incluir como cumplimentados escritos sin proveer o en eliminar del programa determinado procedimiento indebidamente para después referenciarlo como no registrado, no puede sino concluirse que -independientemente de la forma verbal empleada-, las distintas mecánicas comisivas descritas como modo de 'manipulación' son plenamente incardinables en el tipo penal citado, sin que podamos apre-

ciar, ni por razones formales ni de fondo, vulneración alguna del principio acusatorio. Razones todas ellas por las que pierde su virtualidad también el argumento esgrimido por la apelante conforme al cual el verbo 'manipular' pudiera comportar un plus de intencionalidad en la acusada, pues es la propia naturaleza de la acción o mecánica comisiva llevada a cabo sobre cada uno de los procedimientos que se dicen 'manipulados' lo que permite la subsunción dichas conductas en el tipo penal del Art. 413 CP».

Destrucción o inutilización de los medios que protegen el acceso restringido a documentos

El artículo 414 del CP penaliza la **alteración dolosa sin autorización de los mecanismos de protección** de documentos de acceso restringido.

- Cuando, siendo responsable por su cargo, sea una autoridad o funcionario público quien destruye, inutiliza o consiente la destrucción/inutilización de dichos medios, las **penas** serán:
  - » Prisión de 6 meses a 1 año, o multa de 6 a 24 meses.
  - » En todo caso, inhabilitación especial para empleo o cargo público por 1 a 3 años.

> **A TENER EN CUENTA**. El legislador establece un régimen agravado para autoridades y funcionarios por su deber específico de custodia.

- Si la conducta es llevada a cabo por un particular:
  - » Multa de 6 a 18 meses.

A través del presente artículo, el legislador persigue la protección de la integridad de los mecanismos que restringen el acceso a documentos cuya consulta ha sido limitada por la autoridad competente. El precepto distingue con claridad dos sujetos de la acción típica: las autoridades o funcionarios públicos encargados de la custodia y los particulares. Mientras que la agravación penal para la autoridad o funcionario responde a la mayor relevancia social y al deber reforzado que ostentan estas personas frente al resto de los ciudadanos, la inclusión de los particulares bajo un régimen sancionador, aunque de menor gravedad (exclusivamente multa), resulta coherente con el principio de igualdad, evitando lagunas punitivas ante ataques de terceros a medios de restricción de documentos.

En definitiva, el artículo 414 del CP refuerza la protección de la documentación sensible, armoniza el régimen sancionador y representa un mecanismo adecuado para salvaguardar la seguridad jurídica y la confianza pública en las instituciones.

Acceso indebido u otorgamiento ilícito a terceros de permiso para acceder a documentos secretos

Según lo dispuesto en el artículo 415 del CP, la autoridad o funcionario público no comprendido en el artículo 414 del CP que, **a sabiendas y sin la de-**

bida autorización, acceda o permita el acceso a documentos secretos bajo su custodia por razón de su cargo, será sancionado con las siguientes **penas**:

- Multa de 6 a 12 meses.
- Inhabilitación especial para empleo o cargo público de uno a tres años.

El artículo busca proteger la confidencialidad de la información secreta custodiada por autoridades y funcionarios públicos, que no se contemplan en el artículo 114 del CP, delimitando de manera precisa los elementos constitutivos de la infracción: la condición de funcionario o autoridad, la existencia de dolo (actuar a sabiendas), la ausencia de autorización y la custodia de los documentos en razón del cargo.

Tipo atenuado para particulares accidentalmente encargados de la custodia

De acuerdo con el art. 416 del CP, los **particulares** que, **accidentalmente** y por encargo del Gobierno o de las autoridades o funcionarios públicos responsables, sean **encargados** del despacho o custodia de documentos, y cometan las conductas ilícitas descritas en los arts. 413, 414 y 415 del CP, serán sancionados con penas de **prisión o multa inmediatamente inferiores** a las previstas para dichas conductas cuando sean cometidas por funcionarios. La norma enfatiza la responsabilidad penal de particulares en situaciones excepcionales de custodia de documentos oficiales.

Delito de revelación de secretos de la Administración

Los artículos 417 y 418 del CP regulan los delitos de revelación de secretos en el ámbito de la Administración, estableciendo sanciones para las conductas que vulneren la confidencialidad y el correcto funcionamiento de la función pública. Ambos preceptos reflejan la importancia de proteger el sigilo y la integridad de la información en el ámbito público, estableciendo sanciones proporcionales a la gravedad de las conductas y sus consecuencias.

Revelación de secretos o informaciones por parte de autoridades o funcionarios públicos

El artículo 417 del CP castiga a quien revele secretos o informaciones que no deban ser divulgadas obtenidas en calidad de autoridad o funcionario, con las siguientes penas:

- Pena básica: multa de 12 a 18 meses e inhabilitación especial para empleo o cargo público por tiempo de 1 a 3 años.
- Penas agravadas:
  - » Si la revelación ocasiona un grave daño para la causa pública o para terceros: prisión de 1 a 3 años e inhabilitación especial de 3 a 5 años.
  - » Si los secretos pertenecen a particulares: prisión de 2 a 4 años, multa de 12 a 18 meses y suspensión de empleo o cargo público por tiempo de 1 a 3 años.

Este artículo protege el deber de sigilo y discreción que los funcionarios públicos deben observar con respecto a la información a la que pueden acceder legítimamente, diferenciándose de los arts. 197 y 198 del CP, que castigan el acceso no autorizado a información reservada. No obstante, el art. 417 del CP es un tipo penal abierto, toda vez que la norma no especifica la revelación de qué secretos e informaciones concretas integra la conducta típica.

> **A TENER EN CUENTA**. Mientras que los arts. 197 y 198 del CP contemplan, respectivamente, el acceso ilegal a datos personales y la agravación de la pena cuando el autor es una autoridad o funcionario público, el art. 417 del CP penaliza la revelación de información de acceso legítimo para el funcionario cuya divulgación no está permitida.

Un **ejemplo destacado** de la aplicación del art. 417 del CP se encuentra en la **sentencia del Tribunal Supremo n.º 1000/2025, de 9 de diciembre**. En este caso, el Alto Tribunal condenó al fiscal general del Estado como autor de un delito de revelación de datos reservados, al considerar probado que filtró y divulgó información confidencial sobre la implicación de la pareja de la presidenta de la Comunidad de Madrid en un delito de defraudación tributaria.

En virtud del apartado 1 del art. 417 del CP, se impusieron al acusado las penas de 2 años de inhabilitación especial para el cargo de fiscal general del Estado y multa de 7.200 euros, además del pago de una indemnización de 10.000 euros al agraviado por daños morales.

De acuerdo con la Sala, la divulgación se materializó tanto por la filtración de un correo del abogado de la víctima —en el que, a fin de alcanzar un acuerdo, reconocía la comisión de delitos fiscales por parte de su cliente—, como por la publicación de la información en una nota de prensa. A juicio del Alto Tribunal, ambos hechos constituyeron una unidad de acción, de modo que *«La nota consolida la filtración iniciada por el correo, en realidad la "oficializa"»*.

> **A TENER EN CUENTA**. La resolución cuenta con un voto particular discrepante firmado por dos magistradas, que defienden la libre absolución del acusado al entender que cualquier persona con acceso al correo podría haberlo filtrado, y que la publicación de la nota informativa no constituye un delito de revelación de secretos del art. 417 del CP, ya que los datos que contenía no fueron «revelados», puesto que ya eran de dominio público desde su filtración previa.

Beneficios obtenidos por particulares a partir de información secreta o privilegiada proveniente de un funcionario público o autoridad

Por su parte, el artículo 418 del CP tipifica la conducta del particular que utiliza para sí o para un tercero secretos o información privilegiada obtenidos de un funcionario público o autoridad. El precepto articula una doble gradación en la respuesta penal en función de la gravedad del resultado:

- Pena básica: multa del tanto al triplo del beneficio obtenido y la pérdida de la posibilidad de acceder a subvenciones, ayudas públicas, beneficios fiscales o de la Seguridad Social durante 1 a 3 años.

- Pena agravada, si el aprovechamiento del secreto genera un grave daño para la Administración o para terceros: prisión de 1 a 3 años y pérdida de los beneficios mencionados durante un período de 6 a 10 años.

El citado precepto se caracteriza por su contenido casuístico y gradualidad penal, ya que, inicialmente, sanciona la conducta con una pena principal (multa proporcional al beneficio obtenido) y penas accesorias (pérdida de posibilidad de ayudas, subvenciones y beneficios fiscales o de Seguridad Social), pero si la conducta produce un «grave daño para la causa pública o para tercero», la respuesta penal se endurece considerablemente. En este sentido, la utilización de la multa proporcional al beneficio, y la imposición de inhabilitaciones accesorias, son mecanismos adecuados para adaptar el castigo a la gravedad y naturaleza de la infracción.

Como requisitos para que se dé el delito se exige, por un lado, un acto de aprovechamiento, es decir, un dolo específico (el aprovechamiento, propio o ajeno, a partir de la información recibida ilícitamente), y, por otro, la proveniencia de la información de parte de un funcionario o autoridad, vinculando el delito a la relación especial de poder.

A través de este artículo, el legislador ha querido proteger el buen funcionamiento de la Administración pública y garantizar la igualdad en el acceso a información relevante. Además, busca evitar la obtención de beneficios injustos y el daño a la causa pública o a terceros, derivado de una quiebra de confianza institucional.

6.
MALVERSACIÓN

El delito de malversación en el Código Penal: la malversación de caudales públicos

La malversación constituye uno de los delitos nucleares dentro de los delitos contra la Administración pública. Su objeto de protección es el patrimonio público, entendido como el conjunto de bienes y derechos de contenido económico que pertenecen a las Administraciones públicas, conforme al artículo 433 ter del Código Penal.

La malversación puede dividirse en cuatro grandes bloques:

- **Malversación apropiatoria** con ánimo de lucro (artículo 432 del CP).
- **Malversación sin ánimo de apropiación** (artículo 432 bis del CP).
- **Aplicación pública diferente** a la legalmente prevista (artículo 433 del CP).
- **Falsificación contable o informativa** en perjuicio económico de la entidad pública (artículo 433 bis del CP).

Este modelo graduado y proporcional diferencia diversas formas posibles de gestión desleal del patrimonio público, según su gravedad, su finalidad y el resultado provocado.

|| El bien jurídico protegido en el delito de malversación

El **bien jurídico protegido** es el **patrimonio público**, entendido en sentido amplio. El artículo 433 ter del CP establece que «*(...) se entenderá por patrimonio público todo el conjunto de bienes y derechos, de contenido económico-patrimonial, pertenecientes a las Administraciones públicas*». Así pues, comprende los fondos, las rentas, los valores, los efectos, los bienes y los derechos pertenecientes a las Administraciones públicas.

Indirectamente, el tipo penal protege la correcta gestión y destino de los recursos públicos, así como la integridad y rectitud de los servicios públicos y la confianza ciudadana en ellos.

Tal y como establece la sentencia del Tribunal Supremo n.º 222/2023, de 27 de marzo, ECLI:ES:TS:2023:1286, y la jurisprudencia allí citada, el delito de malversación de caudales públicos presenta un carácter pluriofensivo: por un lado, protege la infidelidad del funcionario público, que se plasma en la violación del deber jurídico de cuidado y custodia de los bienes que tiene a su cargo, vulnerando la fe pública o la confianza en la correcta actuación administrativa. Por otro lado, tiene una dimensión patrimonial, en cuanto atenta contra los intereses económicos del ente público o contra la Hacienda pública.

Así pues, el bien jurídico protegido en la malversación es doble: la correcta gestión y protección de los caudales públicos confiados a la Administración (vinculado a los deberes de fidelidad y probidad del funcionario), así como el interés patrimonial del ente público o la Hacienda pública que resulta perjudicada por la sustracción o el desvío de dichos fondos. Aun con todo, la sentencia reafirma que, aunque se reconoce el carácter pluriofensivo del delito, *«(...) la doctrina tiene a considerar el predominio o prevalencia de su carácter patrimonialista, especialmente a partir de que se incluyó el ánimo de lucro como requisito del tipo penal, lo cual no significa que se obvie el aspecto relativo al correcto funcionamiento de la Administración en el ámbito de la gestión del patrimonio público».*

Por tanto, el delito de malversación protege tanto la **integridad y destino lícito de los caudales públicos** como los **intereses económicos de la Administración**, sin olvidar la **confianza pública en el desempeño de las funciones que se otorgan a los funcionarios**.

Tipología delictiva del delito de malversación

6.1. Malversación apropiatoria con ánimo de lucro

Malversación apropiatoria

Regulado en el artículo 432 del Código Penal, esta es la **modalidad clásica y más grave** de malversación.

El **sujeto activo** de este tipo penal será una **autoridad o funcionario público** (sujeto activo cualificado). La jurisprudencia del Tribunal Supremo (STS n.º 882/2024, de 22 de octubre, ECLI:ES:TS:2024:5335) entiende el concepto en sentido material y funcional, no formal:

> «Conforme expresábamos en la sentencia núm. 296/2018, de 8 de febrero, con referencia expresa a la sentencia núm. 166/2014, de 28 de febrero, a efectos penales, "**el concepto de funcionario público se asienta en bases materiales y no en la puta apariencia o el ropaje externo jurídico o administrativo. Es un concepto marcadamente funcional. Precisa de dos presupuestos: el nombramiento por autoridad competente y la participación en el desempeño de funciones públicas.**
>
> No puede quedar encorsetada esa noción por la reglamentación administrativa. Hay que acudir a la materialidad más que al revestimiento formal del cargo ostentado. Se impone en este punto, más que en otros, un ponderador "levantamiento de velo": estar a la realidad esencial, y no al ropaje formal. La huida del derecho administrativo, fenómeno bien conocido y teorizado por la doctrina especializada, no puede ir acompañada de una "huida del Derecho Penal", sustrayendo de la tutela penal reforzada bienes jurídicos esenciales, por el expediente de dotar de apariencia o morfología privada a lo que son funciones propias de un organismo público desarrolladas por personas que han accedido a su cargo en virtud de la designación realizada por una autoridad pública, aunque la formalidad jurídica externa (contrato laboral de Alta Dirección, elección por el órgano de gobierno de una mercantil) encubra o se superponga de alguna manera a esa realidad material.
>
> Asimismo, es doctrina consolidada de esta Sala que puede presentarse la participación en el ejercicio de funciones públicas tanto en las del Estado, entidades locales y comunidades autónomas, como en las de la llamada administración institucional que existe cuando una entidad pública adopta una forma independiente, incluso con personalidad jurídica propia, en ocasiones de sociedad mercantil, con el fin de conseguir un más ágil y eficaz funcionamiento, de modo que "cualquier actuación de estas entidades donde exista un interés público responde a este concepto amplio de función pública" (STS de 27 de enero de 2003). Y en lo que se refiere al acceso al ejercicio de tales funciones públicas, nada importan en este campo ni los requisitos de selección para el ingreso, ni la categoría por modesta que fuere, ni el sistema de retribución, ni el estatuto legal y reglamentario ni el sistema de previsión, ni aun la estabilidad o temporalidad (SSTS de 4 de diciembre de 2001 y 11 de octubre de 1993), resultando suficiente un contrato laboral o incluso

el acuerdo entre el interesado y la persona investida de facultades para el nombramiento (STS de 27 de enero de 2003). Doctrina reiterada en la STS 166/2014. "En el mismo sentido decíamos en la sentencia núm. 83/2017, de 14 de febrero que "**Esta interpretación amplia del concepto de funcionario público ha sido la tónica seguida por la Jurisprudencia del Tribunal Supremo, alcanzando incluso al personal laboral contratado para el ejercicio de funciones en el ámbito de un organismo público**"».

Por otro lado, el **sujeto pasivo** del delito será siempre la **Administración pública, titular del patrimonio público afectado**, entendida en sentido amplio y conforme al artículo 433 ter del Código Penal. Por tanto, el delito protege el interés general y el correcto funcionamiento del patrimonio público, en su función de soporte material de los servicios públicos.

La **conducta típica** consistirá, bien en apropiarse del patrimonio, bien en consentir que un tercero lo haga.

Por último, atendiendo al **elemento subjetivo**, se exige **ánimo de lucro**. Este ánimo de lucro no se restringe a una finalidad concreta de enriquecimiento personal o de terceros, sino que es equivalente al *animus rem sibi habendi*, entendido como la voluntad de disponer de los bienes públicos como si fueran propios, aunque no exista un enriquecimiento económico efectivo. Así pues, la jurisprudencia consolidada (STS n.º 900/2023, de 30 de noviembre, ECLI:ES:TS:2023:5308, y las allí citadas) ha reiterado que el ánimo de lucro no se identifica con el mero propósito de obtener un beneficio económico, sino con la intención de colocar los bienes públicos bajo el dominio personal del autor o de un tercero, produciendo una ilícita disminución del patrimonio público. Ello ocurre, por ejemplo, cuando la autoridad o funcionario dispone de ellos al margen de los procedimientos legalmente establecidos, de forma arbitraria o favoreciendo indebidamente a un tercero. De este modo, la frontera con el artículo 433 del CP queda así claramente delimitada: solo cuando no concurre ánimo de lucro en el sentido amplio descrito (y existe únicamente una asignación a otro fin público sin intención de apropiación) procede subsumir los hechos en el tipo autónomo de desviación presupuestaria. Por el contrario, siempre que exista *animus rem sibi habendi*, aun sin enriquecimiento, la conducta debe calificarse conforme al artículo 432 del CP, como modalidad más grave de malversación.

La **pena** básica de este tipo penal es la de prisión de 2 a 6 años e inhabilitación especial de 6 a 10 años.

El apartado 2 del artículo 432 del Código Penal establece la **pena agravada** de prisión de 4 a 8 años e inhabilitación absoluta de 10 a 20 años cuando:

1. Exista daño o entorpecimiento grave al servicio.
2. El valor del perjuicio o del patrimonio público exceda de 50.000€.
3. Sean bienes artísticos, históricos, culturales o destinados a calamidades públicas.

Finalmente, se tipifica una **agravación muy cualificada** (pudiendo llegar a imponer la pena en grado superior) cuando el valor del perjuicio o del patrimonio público exceda 250.000€

El apartado 3 del artículo 432 del Código Penal tipifica el **tipo atenuado**, por el cual la pena de prisión será de 1 a 2 años, multa de 3 meses y 1 día a 12 meses e inhabilitación especial de 1 a 5 años, cuando el valor del perjuicio o del patrimonio público no sea superior a 4.000€.

6.2. Malversación sin ánimo de apropiación

Malversación sin ánimo de apropiación

El artículo 432 bis del Código Penal establece una modalidad no apropiatoria, centrada en el **uso privado de bienes públicos, aunque sin ánimo de integrarlos al patrimonio del autor**. Así pues, bastará el uso indebido, aunque no cause perjuicio. La **pena** que se impondrá será la de prisión de 6 meses a 3 años y suspensión de empleo o cargo de 1 a 4 años. En el caso de que no se reintegre en los 10 días posteriores a la incoación del procedimiento, se aplican las penas del artículo 432 del CP.

CUESTIÓN

¿Es aplicable el artículo 432 del Código Penal si un funcionario usa de manera temporal fondos públicos para un fin privado, pero luego los reintegra?

Sí, el comportamiento descrito podría ser constitutivo de delito conforme al artículo 432 del Código Penal. La sentencia del Tribunal Supremo n.º 900/2023, de 30 de noviembre, ECLI:ES:TS:2023:5308, resuelve un caso en el que un funcionario de la Administración pública, responsable de la gestión de fondos, decide utilizar de manera temporal una parte de dicho dinero para atender a una necesidad urgente personal, reintegrando la cantidad íntegramente al cabo de unas semanas. No ha mediado apropiación definitiva ni ánimo de lucro permanente, pero el acto ha supuesto una desviación temporal de los fondos de su destino legítimo.

El tribunal señala que el artículo 432 bis del CP sanciona específicamente el **uso temporal de bienes públicos sin *animus rem sibi habendi* (ánimo de apropiación definitiva)**, es decir, en aquellos supuestos donde el funcionario emplea fondos públicos de forma provisional y con posterior reintegro, para fines privados. La sentencia explica que este tipo de malversación distingue claramente entre:

- La apropiación de fondos públicos (artículo 432 del CP), que requiere ánimo de lucro y d

- ra desviación presupuestaria o aplicación pública diferente de la previstas (artículo 433 del CP).

De acuerdo con lo razonado por el TS, el artículo 432 bis del CP está pensado para conductas como la descrita: el uso temporal de bienes públicos sin animus rem sibi habendi y con su posterior reintegro queda tipificado de forma autónoma y diferenciada, previendo un tratamiento penal menos grave que la malversación típica del 432 del CP, al no haber una sustracción definitiva ni desviación ilícita con ánimo de lucro.

Así pues, el funcionario/a que desvía temporalmente fondos públicos para un fin privado (aunque los reintegre después en su totalidad) puede incurrir en responsabilidad penal conforme al artículo 432 bis del CP, por cuanto la acción ejercitada descrita encaja de manera directa en el supuesto normativo y responde a la volun-

---

tad explícita del legislador de castigar tales conductas aprovechando la posición pública, aún en ausencia de ánimo de apropiación definitiva.

6.3. Aplicación pública diferente a la legalmente prevista

Aplicación pública diferente

En el artículo 433 del Código Penal se regula la desviación del fin público legalmente previsto, sin beneficio propio. Por tanto, la conducta típica consiste en la **aplicación distinta a la legalmente asignada** a los bienes públicos. La **pena** se establecerá en función de si existe daño o entorpecimiento grave (pena de prisión de 1 a 4 años e inhabilitación de 2 a 6 años), o no existe (pena de prisión de 1 a 3 años y multa de 3 a 12 meses).

CUESTIONES

1. ¿Permitir a terceros la utilización de recursos públicos para fines no estrictamente vinculados a la función pública constituye el tipo penal del artículo 433 del CP?

La sentencia de la Audiencia Provincial de Valencia n.º 100/2022, de 30 de junio, ECLI:ES:APV:2023:2177, resuelve un supuesto de estas características, en el que un directivo de una entidad pública, encargada de la conservación y restauración de bienes culturales, permite que restauradores externos utilicen instalaciones, herramientas y consumibles (como adhesivos o papel especial) propiedad del ente público para la restauración de libros pertenecientes a un particular. La intervención del personal de la entidad queda circunscrita a tareas de diagnóstico y supervisión, mientras que la ejecución material y la facturación al cliente se efectúa directamente por los resultados externos, sin que la entidad perciba contraprestación económica alguna por el uso de sus recursos. La sentencia establece que la conducta descrita no se considera constitutiva del delito previsto en el artículo 433 del Código Penal si se enmarca dentro de los fines y propósitos de la entidad pública y no se desvía el uso de bienes públicos a fines ajenos a la función pública.

Además, la sentencia destaca la ausencia de ánimo de lucro, tanto propio como en terceros, y la inexistencia de una voluntad dolosa de desviar recursos para fines ajenos a la función pública. El posible impacto económico del uso de consumibles fue calificado de irrelevante y, por tanto, asimilable a la cooperación institucional prevista en la legislación del patrimonio.

Por tanto, para que progrese una acusación del tipo del artículo 433 del CP sería imprescindible demostrar que los bienes públicos fueron detraídos conscientemente de los fines de la función pública y destinados a intereses particulares, lo que aquí no quedó probado. **El uso puntual y justificado de recursos públicos en beneficio de la conservación del patrimonio, aunque particular, no cumple con los elementos típicos del delito de malversación en su modalidad de uso ajeno,** tal y como exige la jurisprudencia y se interpreta en la sentencia objeto de análisis.

2. ¿Aplicar fondos a otro fin público es delito?

La sentencia del Tribunal Supremo n.º 900/2023, de 30 de noviembre, ECLI:ES:TS:2023:5308, resuelve un caso en el que un funcionario de una Administración pública, encargado de gestionar una partida presupuestaria destinada a ayudas a la formación, decide destinar dichos fondos, sin seguir el procedimiento legalmente establecido, a sufragar gastos de material informático para el propio organismo. No se detecta que haya existido lucro personal ni de un tercero, ni sustracción definitiva de los fondos públicos fuera del sector público, pero tampoco se da cumplimiento a la finalidad originaria consignada en el presupuesto. La conducta sí podría ser subsumible en el artículo 433 del Código Penal, según la interpretación de la sentencia, siempre que se den los requisitos que el tipo penal exige y no concurra ánimo de lucro o apropiación definitiva.

El artículo 433 del CP, sanciona al funcionario público que da al patrimonio público que administra una aplicación pública diferente de aquella a la que estuviera destinado, sin estar comprendido en los artículos anteriores, es decir, sin que medie apropiación (o sustracción) de fondos bajo ánimo de lucro ni beneficio personal o de terceros.

La sentencia indica expresamente que el artículo 433 del CP se reserva para los casos de **«mera desviación presupuestaria», cuando la aplicación de los fondos sigue teniendo al menos una apariencia de finalidad pública y no se realiza en beneficio privado alguno**. La sentencia expone que el artículo 433 del CP se aplica de modo residual respecto del artículo 432 del CP, siendo excluyente: solo puede emplearse para conductas no comprendidas en los artículos previos, esto es, sin apropiación ni ánimo de lucro.

En el supuesto analizado, los fondos públicos son aplicados a un fin público distinto al presupuestado (material informático para el propio organismo en lugar de las ayudas previstas). No hay sustracción para enriquecimiento propio o ajeno, ni conducta que pueda calificarse de apropiación o disposición como dueño, elementos que, de concurrir, desplazarían la tipificación al artículo 432 del CP. No obstante, debe igualmente valorarse si la conducta causó daño o entorpecimiento grave al servicio público, pues el propio precepto distingue agravaciones penológicas en función de este resultado. En todo caso, el elemento clave es la ausencia de ánimo de lucro y la desvinculación respecto a la apropiación o disposición como dueño que define la malversación del artículo 432 del CP.

6.4. Falsificación contable o informativa en perjuicio económico de la entidad pública

Falsedad contable

Regulado en el artículo 433 bis del Código Penal, se castiga la **manipulación de la contabilidad o documentos que generen riesgo o daño al patrimonio público**. En el caso de que no exista perjuicio económico, la pena será de inhabilitación de 1 a 10 años y multa de 12 a 24 meses; si existe perjuicio, la pena será de prisión de 1 a 4 años, inhabilitación de 3 a 10 años y multa de 12 a 24 meses.

CUESTIÓN

¿Falsear las cuentas de una fundación con dinero público constituye delito del artículo 433 bis del Código Penal?

La sentencia del Tribunal Supremo n.º 1023/2022, de 26 de abril, ECLI:ES:TS:2023:1718, resuelve los recursos de casación interpuestos contra la sentencia de la AP de Oviedo que condenó a varios acusados y a Viajes El Corte Inglés, S.A. como responsable civil subsidiario por los hechos relacionados con la gestión fraudulenta de fondos de la Fundación Centro Cultural Internacional Óscar Niemeyer-Principado de Asturias.

En los hechos probados se acreditó que los principales gestores de la Fundación Niemeyer (el Directos General y su Secretario) y un empleado de Viajes El Corte Inglés, S.A, concertadamente desviaron fondos de la Fundación a través de la emisión y manipulación de facturas por servicios ficticios o ajenos al objeto fundacional, beneficiando a familiares, amigos y terceros. Se fabricaron y alteraron facturas para simular gastos y ocultar la verdadera naturaleza de los mismos en la contabilidad oficial de la Fundación, con la colaboración clave del empleado de Viajes El Corte Inglés como cooperador necesario.

El origen del patrimonio fundacional y de los fondos gestionados era esencialmente público, procedente del Principado de Asturias, el Ayuntamiento de Avilés y la Autoridad Portuaria de Avilés, así como de subvenciones públicas para la realización de actividades de interés general. La conducta delictiva se mantuvo en el tiempo, afectando a varios ejercicios económicos, falseando las cuentas anuales y ocasionando un grave perjuicio económico a la Fundación.

Así pues, la sentencia reconoce la naturaleza pública de los fondos de la Fundación pese a su apariencia formal de entidad privada, aplicando la doctrina penal sobre «funcionario público» y «caudales públicos» a efectos de responsabilidad criminal. No obstante, no condena por el artículo 433 bis del Código Penal, sino conforme al artículo 290 del Código Penal, propio del ámbito societario. La Sala explica que el artículo 433 bis del CP protege el correcto funcionamiento de la actividad patrimonial de las administraciones públicas y se aplica exclusivamente a autoridades o funcionarios públicos que falsean la contabilidad de entidades públicas en sentido estricto. En cambio, **las fundaciones con forma privada, aun cuando gestionen fondos públicos, están sometidas a las reglas del tráfico mercantil** y a los deberes de transparencia propios de las sociedades. Por tanto, la manipulación contable llevada a cabo para ocultar el desvío de fondos no queda amparada por el artículo 433 bis del CP ni absorbida por la malversación, sino que debe castigarse como delito de falseamiento de cuentas del artículo 290 del CP, al proteger este un bien jurídico parcialmente autónomo.

Atenuante específica de reparación y colaboración

Se rebajará la pena en uno o dos grados si el culpable repara íntegramente el daño antes del juicio oral o si colabora eficazmente en la localización de responsables o esclarecimiento de los hechos, conforme a lo establecido en el artículo 434 del CP.

Extensión subjetiva del delito de malversación

Se incluye como posibles autores, según el artículo 435 del Código Penal, a:

- Encargados o depositarios de fondos públicos.

- Administradores de bienes embargados o depositados.
- Administradores concursales respecto a la masa.
- Particulares que gestionan patrimonio público.
- Personas jurídicas conforme al artículo 31 bis del CP.

> **A TENER EN CUENTA**. Las penas aplicables a las personas jurídicas que cometan este tipo delictivo se aplicarán de la siguiente manera:
>
> - Delito con pena de más de 5 años de prisión: se impone la pena de multa de 2 a 5 años o 3 a 5 veces el valor del perjuicio/bienes apropiados (lo que sea mayor).
>
> - Delito con pena de entre 2 y 5 años de prisión: se impone la pena de multa de 1 a 3 años o de 2 a 4 veces el valor del perjuicio/bienes apropiados (lo que sea mayor).
>
> - Resto de casos: se impone la pena de 6 meses a 2 años o de 2 a 3 veces el perjuicio/bienes apropiados (lo que sea mayor).

CUESTIONES

1. ¿Puede considerarse delito de malversación la venta de aprovechamientos urbanísticos municipales por debajo de su valor real por parte de un ayuntamiento?

En la sentencia del Tribunal Supremo n.º 362/2018, de 18 de julio, ECLI:ES:TS:2018:2953, se dice:

*«La cuestión, por tanto, se centra en dilucidar si los aprovechamientos urbanísticos tienen cabida en el concepto de caudales públicos susceptibles de ser sustraídos. El Ministerio Fiscal considera, que sí, citando en su apoyo la propia STS 508/2015, dictada en el "caso Malaya" que textualmente dice "... debemos partir de que **los aprovechamientos urbanísticos en general pueden constituir objeto del delito de malversación** puesto que no hay obstáculo para entender que constituye a estos efectos caudales públicos, pues tienen un evidente valor patrimonial, valuable económicamente". Añadiendo la sentencia reseñada que "es evidente que si el Ente Municipal cede su valor patrimonial constituido por dichos aprovechamientos urbanísticos a un tercero a cambio de los aprovechamientos anejos a la finca recibida que tiene un valor muy inferior, se sustraen en caudales públicos en perjuicio del Ayuntamiento".*

Y aun siendo cierto que dicha sentencia mantuvo la condena por fraude lo fue por motivos distintos a los que ahora nos ocupan, al tratarse de una permuta de aprovechamientos urbanísticos sometida a condición, que no llegó a cumplirse por lo que admitiendo el delito de haber aplicado la forma imperfecta de tentativa de malversación de caudales públicos, al haber aplicado a los hechos delito de fraude del art. 436, nos encontraríamos con que el desvalor de la acción ya ha sido subsumido en este delito».

2. ¿Puede un titular de una administración de lotería ser condenado penalmente por malversación tras haber sido sancionado administrativamente por no ingresar el dinero de las ventas?

La STS n.º 210/2015, de 15 de abril, ECLI:ES:TS:2015:1872, resuelve un caso en el que un titular de una administración de lotería es sancionado en vía administrativa con la revocación de la concesión, debido a que no ingresó en la cuenta habilitada el dinero correspondiente a la venta de décimos o boletos, incumpliendo así sus obligaciones con la Sociedad Estatal de Loterías y Apuestas del Estado. Posteriormente, se le abre causa penal y es condenado por un delito de malversación impropia de caudales públicos por los mismos hechos.

El tribunal establece que sí es posible que se le sancione penalmente por malversación, aunque haya sido previamente sancionado administrativamente por los mismos hechos, cuando concurre una relación de sujeción especial con la Administración, y los fondos malversados se consideran caudales públicos a efectos penales.

Se establece que el principio *non bis in idem* (prohibición de doble sanción por los mismos hechos) excluye la doble sanción únicamente cuando concurren, de manera acumulativa, tres identidades: de sujeto, de hecho y de fundamento, y no exista una relación de sujeción especial entre el sancionado y la Administración.

Sin embargo, en el caso del titular de una Administración de Lotería, existe esa **relación de sujeción especial con la Administración** al haber sido designado para gestionar fondos vinculados al servicio público de loterías, hecho que **habilita a que pueda ser sancionado administrativamente** (por ejemplo, revocación de la concesión) **y penalmente** (por malversación) **por los mismos hechos sin vulnerar el principio de non bis in idem**. Así lo reconoce la jurisprudencia constitucional citada en la sentencia.

En cuanto a la naturaleza de los fondos, el TS reitera que, aunque los fondos procedan de la compra de décimos por particulares, estos se consideran caudales públicos, porque siguen sujetos al control públicos y a la fiscalización de la Administración, siendo la Sociedad Estatal de Loterías y Apuestas del Estado 100 % pública.

En definitiva, la respuesta es afirmativa: la existencia de una sanción administrativa previa referente a la pérdida de la concesión no impide, en este contexto, la imposición de una condena penal por malversación de caudales públicos. Ambos tipos de sanciones son compatibles en virtud de la especial relación entre la Administración y el titular de la administración de loterías, y la jurisprudencia ha establecido con claridad la naturaleza pública de los fondos en juego.

3. ¿Puede considerarse responsable de un delito de malversación de caudales públicos a un particular que administra empresas instrumentales si no es funcionario público?

La sentencia del Tribunal Supremo n.° 948/2022, de 13 de diciembre, ECLI:ES:TS:2022:4500, resuelve un caso en el que un particular, administrador de varias empresas instrumentales, recibe fondos provenientes de subvenciones públicas, los cuales no se destinan a los fines previstas sino que se desvían para fines privados. Este particular no ostenta la condición de funcionario público ni tiene facultades legales de disposición sobre los fondos, pero autoriza transferencias y participa activamente en la operativa defraudatoria.

El TS sentencia que la malversación de caudales públicos (artículo 432 del CP en su redacción anterior a la LO 1/2015) es un delito especial propio, cuyo sujeto activo es la autoridad o funcionario público que, con ánimo de lucro, sustrae los caudales o efectos públicos que tenga a su cargo por razón de sus funciones. No obstante, la jurisprudencia ha permitido ampliar la responsabilidad a quienes, sin ser funcionarios, intervienen en los hechos actuando como **cooperadores necesarios**.

El Tribunal señala expresamente que «*el recurrente como extraneus en un delito especial propio como es la malversación solo pudo intervenir en los hechos como cooperador necesario, es decir, como partícipe y no como autor*». Se recalca que no es necesario un vínculo formal de disponibilidad entre el funcionario y los bienes malversados, sino que lo relevante es la efectiva intervención en la distracción de los fondos, aunque la disposición material o jurídica corresponda a terceros.

En el caso analizado, el particular (como administrador de empresas instrumentales) recibió importes elevados de fondos procedentes de subvenciones públicas a entidades beneficiarias, realizando transferencias y operaciones no avaladas por prestación de servicios reales y facilitando la entrega del dinero a los verdaderos organizadores de la trama. La prueba indicó que, aunque estos terceros (los particulares) no tuvieran título funcionarial, sí ejecutaban operaciones imprescindibles para el desvío de fondos, como conocimiento del carácter público del dinero y la finalidad ilícita.

Por tanto, la condena a particulares, como cooperadores necesarios de un delito de malversación de caudales públicos, es posible en la medida en que su colaboración haya sido esencial para la comisión del delito y hayan sido conscientes de la ilicitud de la operativa. La autoría o cooperación necesaria de personas ajenas a la función pública queda equiparada a efectos de responsabilidad penal por la vía el artículo 28 del Código Penal.

7.
NEGOCIACIONES Y ACTIVIDADES PROHIBIDAS A LOS FUNCIONARIOS Y ABUSOS EN EL EJERCICIO DE SU FUNCIÓN

Delitos contra la Administración: negociaciones y actividades prohibidas a los funcionarios y abusos en el ejercicio de su función

El capítulo IX del título XIX, libro II del CP, regula en los arts. 439 a 444 los delitos relativos a las negociaciones y actividades prohibidas a los funcionarios públicos, así como los abusos en el ejercicio de sus funciones.

NEGOCIACIONES Y ACTIVIDADES PROHIBIDAS A FUNCIONARIOS Y ABUSOS EN EL EJERCICIO DE SU FUNCIÓN (Arts. 439 a 444 del CP)	
Art. 439	Abuso de las funciones públicas para participar en negocios
Art. 440	Abusos respecto de bienes en cuya gestión intervengan
Art. 441	Asesoramiento y actividad profesional prohibida
Art. 442	Abuso de información privilegiada
Arts. 443 y 444	Solicitudes sexuales indebidas

Estos preceptos buscan proteger la integridad, imparcialidad y rectitud en la actuación de los servidores públicos, garantizando que la Administración pública sirva con objetividad a los intereses generales. La regulación penal de las conductas citadas refuerza el principio de probidad en el ejercicio de la función pública y previene la corrupción y el abuso de poder.

|| Abuso de las funciones públicas para participar en negocios

El artículo 439 del CP señala que la autoridad o funcionario público que, debiendo intervenir por razón de su cargo en cualquier clase de contrato, asunto, operación o actividad, se aproveche de su posición para forzar o facilitarse cualquier forma de participación, directa o indirectamente, en dichos negocios, será sancionado con:

- Prisión de 6 meses a 2 años.
- Multa de 12 a 24 meses.
- Inhabilitación especial para empleo o cargo público y para el ejercicio del derecho de sufragio pasivo por tiempo de 2 a 7 años.

El citado precepto introduce una tipificación clara dirigida a prevenir y sancionar los abusos cometidos por autoridades o funcionarios públicos en el ejercicio de sus funciones, especialmente cuando estos se aprovechan de su posición para participar, directa o indirectamente, en negocios o actuaciones sobre los que tienen intervención por razón de su cargo.

La argumentación del artículo, coherente con los principios de integridad y transparencia en la Administración pública, prevé un reproche penal relevante (prisión, multa e inhabilitación) para quienes, por su especial posición de confianza, incurren en este tipo de conductas. Se busca proteger el correcto funcionamiento del servicio público y la imparcialidad de los funcionarios, intentando disuadirlos de prácticas corruptas dentro del sector público.

La **STS n.º 89/2020, de 3 de marzo, ECLI:ES:TS:2020:693**, resuelve el recurso interpuesto por el Ministerio Fiscal y anula la sentencia dictada por el TSJ de Cantabria, en la que se absolvía al acusado del delito del art. 439 del CP. El acusado, agente de la Guardia Civil y responsable del Centro Operativo de Tráfico en Cantabria, dirigió sus funciones públicas para beneficiar a la empresa de transportes de su esposa, ordenando modificar el servicio de patrullas e instruyendo a los agentes para que permitieran el paso a un camión de dicha empresa, justificando su decisión con argumentos infundados y omitiendo dejar constancia en los informes de servicio.

Aun rechazando una interpretación «*microliteral*» del art. 439 del CP, el Alto Tribunal diferencia los hechos del acusado de meras infracciones administrativas o disciplinarias, y considera que la conducta supera ese umbral porque supuso un **abuso en el ejercicio de su función pública en beneficio de un interés familiar**:

> «En este hecho probado se condensan todos y cada uno de los elementos que dan vida al delito previsto en el art. 439 del CP. Como hemos explicado en el FJ 4º de esta misma resolución, en este precepto se castigan, no ya las actividades prohibidas, sino el abuso en el ejercicio de su función por

parte de los funcionarios públicos. En el presente caso, el Sr. Felicisimo es (...) llamado a dirigir durante la noche de los hechos el Centro Operativo de Transporte. En su calidad de responsable (...) ordenó a una pareja de agentes que dejaran de controlar y vigilar la zona (...) y se trasladaran al área de Laredo. Ese desplazamiento no era fruto de una decisión operativa. Era el resultado de una estrategia delictiva puesta al servicio de los conductores y vehículos de la empresa de su esposa (...)».

Abuso respecto de bienes gestionados por funcionarios públicos

El artículo 440 del CP castiga el abuso cometido por:

- Peritos, árbitros y contadores partidores, respecto de los bienes en cuya tasación, partición o adjudicación hubieran intervenido;
- Tutores, curadores o albaceas respecto de los bienes de sus pupilos o testamentarías; y
- Administradores concursales respecto de los bienes y derechos integrados en la masa del concurso.

Las penas previstas para estos sujetos son:

- Multa de 12 a 24 meses.
- Inhabilitación especial para empleo o cargo público, profesión u oficio, guarda, tutela o curatela, según los casos, de 3 a 6 años, salvo que esta conducta esté sancionada con mayor pena en otro precepto del CP.

El artículo protege la integridad en funciones técnicas y fiduciarias sobre bienes ajenos, sancionando a aquellos peritos, árbitros, contadores partidores, tutores, curadores, albaceas y administradores concursales que cometan conductas ilícitas relacionadas con la tasación, partición o administración de bienes ajenos.

El precepto fundamenta su protección en la necesidad de salvaguardar la confianza depositada en quienes gestionan o valoran el patrimonio ajeno, respondiendo así a la exigencia de transparencia y rectitud en actuaciones con evidente repercusión patrimonial para terceros vulnerables o interesados.

En conclusión, el artículo 440 del CP responde a la necesidad de controlar los posibles excesos y abusos de poder en ámbitos técnico-jurídicos, estableciendo sanciones proporcionadas y coherentes.

Realización de actividades profesionales o de asesoramiento prohibidas por autoridad o funcionario público

El artículo 441 del CP sanciona a la autoridad o funcionario público que, al margen de los supuestos permitidos legalmente, realice actividades profesionales o de asesoramiento (ya sea de forma permanente o esporádica), directa o indirectamente, para entidades privadas o particulares en asuntos relacionados con su cargo —es decir, en los que deba intervenir, haya intervenido o sean tramitados en la oficina donde trabaja o de la que dependa—. Las penas previstas son:

- Multa de 6 a 12 meses.
- Suspensión de empleo o cargo público de 2 a 5 años.

El citado precepto aborda la incompatibilidad de los funcionarios y autoridades públicas respecto a actividades profesionales para entidades privadas o particulares, cuando exista relación con asuntos vinculados a su cargo. Mediante la descripción casuística de las prohibiciones, el legislador enumera las conductas sancionables y sus vínculos con la actividad pública, al objeto de prevenir y sancionar posibles conflictos de intereses. Con ello se trata de proteger la imparcialidad, la objetividad y buen funcionamiento de la Administración pública.

Toda vez que los supuestos previstos son amplios y contemplan la actuación por persona interpuesta, la norma se anticipa a esquemas fraudulentos, estableciendo sanciones disuasorias pero proporcionadas, dirigidas tanto a reprimir como a prevenir conductas lesivas para la integridad y confianza en la función pública, y reforzando así el control sobre la ética pública.

La **STS n.º 697/2019, de 19 de mayo, ECLI:ES:TS:2020:2040**, estima el recurso del acusado, funcionario de la Seguridad Social, frente a la sentencia de instancia que lo condenó por un delito del art. 441 del CP, al haber asesorado profesionalmente —5 años después de cesar en su puesto— en operaciones relacionadas con bienes y sociedades respecto de los cuales había intervenido previamente como funcionario.

El Supremo establece que se trata de un **delito de peligro** para la objetividad e imparcialidad administrativa, que protege el correcto funcionamiento de la función pública, y exige que la actividad privada y la pública del funcionario concurran o se solapen en el tiempo (simultaneidad):

> «(...) sólo en el supuesto en que el sujeto activo desempeñe una participación dual en la gestión de unos mismos intereses, interviniendo simultáneamente en el asesoramiento o la adopción de decisiones de la Administración pública, así como actuando profesionalmente, o asesorando, a personas, físicas o jurídicas, que contratan con la Administración en esa misma materia, puede entenderse cumplido el elemento objetivo que corresponde a esta figura delictiva».

> «(...) "Se trata de evitar la posible confluencia en el funcionario de intereses públicos y privados que puedan, directa o indirectamente, incidir en el ejercicio de sus funciones. No requiere el tipo que el funcionario se haya dejado influir en su actividad pública por intereses privados, sino únicamente que ello pueda ser posible atendida la duplicidad, pública y privada, de la actividad profesional que desempeña, de ahí su configuración como delito de peligro».

Asimismo, la sentencia aclara cómo se debe **delimitar temporalmente la prohibición**, remitiéndose a la regulación específica en materia de incompatibilidades:

> «Y así, en coherencia con lo señalado en el artículo 12.1 a) de la Ley 53/1984, de 26 de diciembre, de Incompatibilidades del Personal al Servicio de las Administraciones Públicas, y en idéntico sentido por lo que se refiere a la regulación sobre conflictos de intereses, el artículo 8 de la Ley 5/2006 de 10 de abril, de regulación de los conflictos de intereses de los

miembros del Gobierno y de los Altos Cargos de la Administración General del Estado, que fijan en dos años el cerco sanitario que brinda a la Administración frente a la actividad privada de quienes previamente actuaron como funcionario o autoridad, resulta lo razonable decantarnos por ese mismo lapso temporal. De suerte que rebasado el mismo, la antijuridicidad penal se diluye».

En consecuencia, aunque hubo intervención profesional del acusado como funcionario, la actuación privada se produjo 5 años después de su cese, por lo que no concurren simultaneidad ni peligro —ni, por tanto, responsabilidad penal.

Asimismo, el Alto Tribunal interpreta restrictivamente el concepto legal de «oficina o centro directivo», refiriéndose solo al órgano de destino directo del funcionario, no a toda la estructura administrativa.

Abuso de la información privilegiada por autoridad o funcionario público

El artículo 442 sanciona a la autoridad o funcionario público que utilice secretos o información privilegiada, conocidos por razón de su oficio o cargo, para obtener un beneficio económico propio o ajeno. Las penas varían en función de la gravedad:

- Si no se obtiene el beneficio: multa del tanto al triplo del beneficio perseguido, e inhabilitación especial para empleo o cargo público y sufragio pasivo de 2 a 4 años.

- Si se obtiene el beneficio: prisión de 1 a 3 años, multa del tanto al séxtuplo del beneficio, e inhabilitación especial de 4 a 6 años.

- Si existe grave daño para la causa pública o tercero: prisión de 1 a 6 años e inhabilitación especial de 9 a 12 años.

Se entiende por información privilegiada aquella conocida únicamente por razón del cargo y no divulgada públicamente.

El precepto no solo castiga el uso indebido de información privilegiada por parte de funcionarios, sino que agrava las consecuencias penales si hay obtención de beneficio o daños graves. Esta tipificación escalonada de la conducta, estableciendo distintos niveles de sanción, permite una graduación punitiva adecuada según la gravedad de los hechos.

El objetivo del presente artículo es la protección de la imparcialidad y honestidad en la función pública, considerando especialmente reprochable el abuso de la información a la que se accede por el ejercicio del cargo. Se contempla tanto la tentativa (uso con ánimo de beneficio) como la consumación (cuando se logra el beneficio), y se agrava la respuesta penal cuando, a discrecionalidad del tribunal, se aprecie que el acto conlleva «grave daño».

CUESTIÓN

¿Qué entiende la jurisprudencia por «funcionario público» a los efectos del art. 442 del CP?

El **concepto penal** de funcionario público es más **amplio** que el utilizado en el derecho administrativo. Según el artículo 24.2 del CP, se considera funcionario público a «*(...) todo el que por disposición inmediata de la ley o por elección o por nombramiento de autoridad competente participe del ejercicio de funciones públicas*». Este concepto no exige una incorporación permanente a la Administración, sino la **mera participación en la función pública**. La finalidad del derecho penal en este ámbito es proteger el ejercicio de la función pública y garantizar los intereses de la Administración y los administrados.

A TENER EN CUENTA. En la STS n.º 2361/2001, de 4 de diciembre, ECLI:ES:TS:2001:9521, el recurrente argumenta que no puede ser considerado funcionario público, basándose en resoluciones previas que excluyen a los médicos de la Seguridad Social de esta categoría. Sin embargo, el TS rechaza esta interpretación, afirmando que su doctrina consolidada considera a los médicos de la sanidad pública como funcionarios públicos. Esto se fundamenta en su relación con organismos públicos y en el carácter social y colectivo de su actividad, que está encomendada al Estado o a entes públicos dependientes de este. La sentencia subraya que, aunque la relación de los médicos con la Administración tiene características propias, como una mezcla entre relación laboral y sujeción administrativa, su vinculación con la función pública es indudable. En consecuencia, los médicos de la Seguridad Social pueden ser sujetos activos de los delitos previstos en el art. 442 del CP. Así lo avalan resoluciones anteriores que también han defendido la amplitud del concepto penal de funcionario público a efectos del art. 442 del CP, lo cual tiene implicaciones directas en la aplicación del citado precepto.

Solicitudes sexuales indebidas por autoridad o funcionario público

Orientado a proteger especialmente a personas vulnerables, el artículo 443 del CP establece sanciones penales para las autoridades o funcionarios públicos que soliciten favores sexuales abusando de su posición. La severidad de las penas varía según la relación de poder y de dependencia entre agresor y víctima.

- Autoridades o funcionarios públicos: se castiga con prisión de 1 a 2 años e inhabilitación absoluta de 6 a 12 años a quienes soliciten sexualmente a personas que tengan pretensiones pendientes de su resolución respecto de sí mismas, sus cónyuges o personas de especial vínculo familiar o afectivo.

- En caso de funcionarios de instituciones de custodia que tengan bajo su guarda a personas en centros de detención, protección o internamiento, la pena por solicitar favores sexuales a estas se eleva a prisión de 1 a 4 años e inhabilitación absoluta de 6 a 12 años. Las mismas penas son de aplicación si la persona solicitada es familiar directo, cónyuge o pareja de quien está bajo guarda.

A TENER EN CUENTA. El artículo 444 del CP aclara que las penas previstas en el artículo 443 se impondrán sin perjuicio de las que correspondan por los delitos contra la libertad sexual efectivamente cometidos.

La tipificación de este delito se fundamenta en la protección de la dignidad y libertad sexual, reforzando la especial responsabilidad de los funcionarios públicos respecto a personas sobre las que ostentan poder decisorio o custodial. La diferenciación de penas refleja una valoración agravada de la capacidad de coacción inherente a la privación de libertad o dependencia del funcionario, y la inclusión de familiares y parejas en el ámbito de protección es coherente con el propósito de evitar presiones indirectas al entorno cercano de la persona afectada.

Diferencias entre delito de solicitudes sexuales indebidas y delito de acoso sexual

La similitud entre ambos tipos ha sido ampliamente discutida en la doctrina y ante los tribunales. Sentencias como la siguiente arrojan luz sobre la citada disyuntiva.

En la **SAP de León n.º 84/2018, de 15 de febrero, ECLI:ES:APLE:2018:846**, la defensa de un profesor de universidad acusado del delito del art. 443 del CP esgrimió que los hechos no eran subsumibles en el citado precepto porque la educación no es *«una pretensión pendiente de resolución de aquel o acerca de las cuales deba efectuar informe o levar consulta a su superior»*. El apelante sostuvo que cabría aplicar en su lugar el delito de acoso sexual del art. 184.2 del CP, que *«contempla especialmente la relación de docencia y se refiere a la causación de un mal "relacionado con las legítimas expectativas que aquella pudiera tener en el ámbito de la indicada relación"»*.

Frente a este argumento, la Audiencia se remite a la jurisprudencia del Supremo, según la cual *«(...) la relación de interés, para ser penalmente relevante, no tiene por qué revestir un necesario carácter formal, cifrado en instancia o pedimento atenido a la normativa y rígidos cauces de un definido procedimiento judicial o administrativo, sino que bastará la realidad de cualquier aspiración o expectativa -obtención de un logro tangible o evitación de un mal, ligado a la actuación de servicio del funcionario»*. Aclara la sentencia que *«(...) la expresión "pendientes de resolución" no puede entenderse simplemente como pendiente de dictar resolución en el sentido técnico-jurídico de la palabra... sino que dicha expresión quiere decir pendiente de una toma de decisión que, de hecho, esté al alcance del funcionario»*.

Para distinguir ambos tipos, la presente sentencia aclara que el del art. 443 del CP se consuma con la mera solicitud, mientras que el del art. 184 del CP *«(...) se precisa provocar a la víctima una situación objetiva y gravemente intimidatoria, hostil o humillante como condición objetiva de punibilidad»*.

Sentada la diferencia entre ambos delitos, la Audiencia declara la existencia, en este caso, de concurso de normas —como sostiene la defensa— y no de delitos —como sostienen las acusaciones—, consecuentemente, ha de imponerse la pena por un único delito. La AP opta por la aplicación del delito del artículo 443 del CP en lugar del art. 184, basándose en los siguientes argumentos:

- **Principio de especialidad**: al existir un concurso de normas, y no de delitos, se aplica el principio de especialidad recogido en el art. 8.1.ª del CP. Aunque la defensa argumenta que el artículo 184.2 es más específico al contemplar la relación docente en la solicitud sexual, el tribunal concluye que el artículo 443 del CP es más especial porque exige que el sujeto activo sea un funcionario público del que dependa la resolución o informe que afecte al sujeto pasivo. Además, el artículo 443 del CP no requiere que la conducta provoque una situación gravemente intimidatoria, hostil o humillante, como sí lo exige el art. 184 del CP.

- **Bienes jurídicos**: el art. 443 del CP tutela tanto la libertad sexual como el correcto funcionamiento de la Administración pública, mientras que el artículo 184 solo protege la libertad sexual. Por ello, aplicar únicamente el art. 184 del CP dejaría sin sanción la vulneración al buen funcionamiento de la Administración pública, lo que refuerza la aplicación del art. 443 como un tipo pluriofensivo.

- **Consecuencias de la supresión de los tipos penales**: si se eliminara el art. 443 del CP, la conducta del funcionario podría ser sancionada por el artículo 184.2 del CP. Sin embargo, si se suprimiera el art. 184 del CP, solo sería punible cuando el agresor fuera un funcionario público del que dependiera la resolución o informe que afecte al sujeto pasivo. Esto evidencia la especialidad del artículo 443 frente al 184 del CP.

- **Continuidad delictiva**: aunque se describen varios hechos en un lapso de dos años, el tribunal concluye que las solicitudes sexuales, al ser implícitas y veladas, integran un único delito. Según la doctrina, las solicitudes tácitas son admisibles siempre que sean serias e inequívocas. Además, la jurisprudencia del Supremo establece que el bien jurídico protegido en el acoso sexual, la libertad sexual, es eminentemente personal, lo que dificulta la apreciación de un delito continuado en casos de pluralidad de infracciones contra la libertad sexual por un solo delincuente.

8.
PREVARICACIÓN DE FUNCIONARIOS PÚBLICOS

Delitos contra la Administración:
prevaricación de funcionarios públicos

Los artículos 404 a 406 del CP integran el capítulo I del título XIX de su libro II, y tipifican los delitos de prevaricación de los funcionarios públicos, castigando así las siguientes conductas:

- Art. 404 del CP: penaliza a la autoridad o funcionario público que, en el ejercicio de su cargo, dicte una resolución arbitraria en un asunto administrativo a sabiendas de su injusticia.

- Art. 405 del CP: sanciona la proposición, nombramiento o toma de posesión de un cargo público por parte de una persona que no cumpla los requisitos legalmente establecidos, siempre que se realice en el ejercicio de competencias y con conocimiento de su ilegalidad.

La persona que acepte la propuesta, nombramiento o toma de posesión de un cargo público, sabiendo que carece de los requisitos legalmente exigibles también será sancionada con arreglo al art. 406 del CP.

La finalidad de los citados preceptos es garantizar la integridad y legalidad en el ejercicio de la función pública, protegiendo así el correcto funcionamiento de la Administración Pública frente a conductas arbitrarias o ilegales.

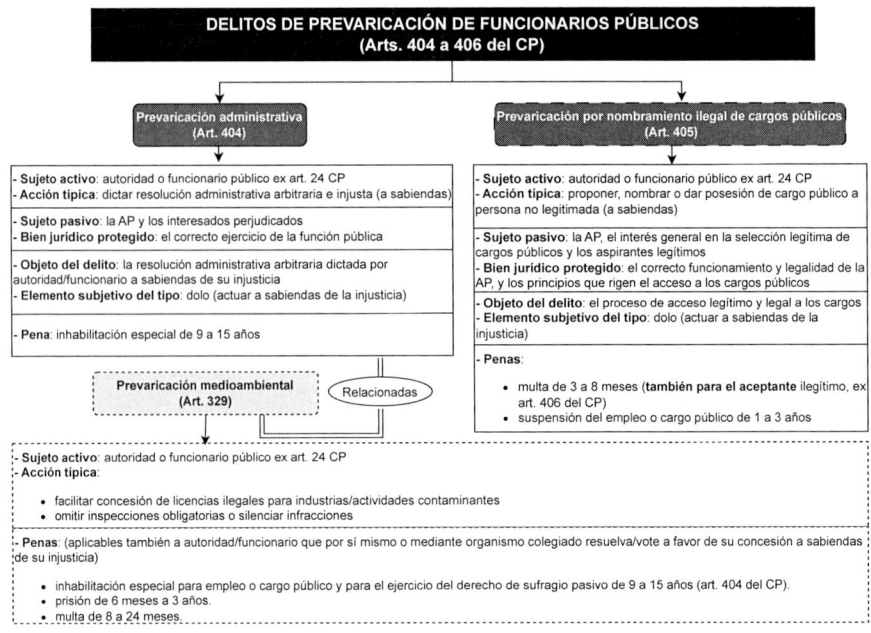

8.1. Prevaricación administrativa

Prevaricación administrativa

El art. 404 del CP establece que la autoridad o funcionario público que, con conocimiento de su injusticia, dicte una resolución arbitraria en un asunto administrativo será sancionado con la **pena de inhabilitación especial** para empleo o cargo público y para el ejercicio del derecho de sufragio pasivo, por un periodo de 9 a 15 años.

|| Sujeto activo

Este delito puede ser cometido por una autoridad o funcionario público. A efectos penales, se entienden como tales:

- **Autoridad**: quien «*(...) por sí solo o como miembro de alguna corporación, tribunal u órgano colegiado tenga mando o ejerza jurisdicción propia*» (apartado 1 del art. 24 del CP). En todo caso, tendrán la consideración de autoridad:

  » Los miembros del Congreso de los Diputados, del Senado, de las Asambleas Legislativas de las CC. AA. y del Parlamento Europeo.

  » Los funcionarios del Ministerio Fiscal y los Fiscales de la Fiscalía Europea.

- **Funcionario público**: *«(...) el que por disposición inmediata de la Ley o por elección o por nombramiento de autoridad competente participe en el ejercicio de funciones públicas».*

‖ Sujeto pasivo

Aunque el principal sujeto pasivo es la Administración pública que ve menoscabado su buen funcionamiento, en ciertos casos el interesado también se puede ver perjudicado por una resolución arbitraria, contraria al principio de legalidad y a los derechos de los ciudadanos.

‖ Conducta típica

El art. 404 del CP castiga a la autoridad o funcionario público que, *«(...) a sabiendas de su injusticia, dictare una resolución arbitraria en un asunto administrativo (...)».* Por tanto, las claves de la conducta penada se desprenden del tenor del art. 404 del CP, y son:

- La arbitrariedad de la resolución administrativa.
- El conocimiento consciente de su injusticia por parte del autor.

Esta doble exigencia de **antijuridicidad** y de elemento subjetivo de **dolo directo** en el proceder del funcionario pretende acotar la aplicación del precepto exclusivamente a los **casos más graves** de desviación de poder. Quedan excluidas del tipo penal aquellas conductas en que exista duda razonable sobre la injusticia de la resolución, o medie error sobre la antijuridicidad —de ello deriva la exclusión tanto del dolo eventual como del error de tipo—. Sólo el conocimiento seguro de la injusticia del acto unido a la voluntad de perpetrarlo cumple el elemento subjetivo. Lo anterior justifica que nuestros tribunales deban realizar una rigurosa valoración de la prueba sobre la voluntad y conocimiento del funcionario.

CUESTIÓN

¿Cabe la comisión por omisión del delito de prevaricación del art. 404 del CP?

Sí, el delito de prevaricación por omisión se consuma cuando la autoridad o funcionario esté obligado a dictar una resolución, ya sea por una norma imperativa o por una solicitud ciudadana que requiera respuesta. En estos casos, el silencio administrativo o la falta de actuación equivalen legalmente a una denegación de derechos, lo que puede ser considerado como una resolución arbitraria.

Aunque el tenor literal del art. 404 del CP utiliza el verbo «dictar», que parece implicar una conducta activa, señala la **SAP de Alicante n.º 356/2024, de 10 de octubre, ECLI:ES:APA:2024:1339**, que una interpretación estricta del precepto podría dejar sin sanción conductas en las que, al omitir el deber de resolver, se deniegan peticiones o se conceden derechos de manera manifiestamente injusta (por silencio administrativo). Por ello, desde el **Acuerdo del Pleno del Tribunal Supremo de 30 de junio de 1997, sobre si la prevaricación de los funcionarios públicos puede cometerse por omisión**, se admite esta siempre que sea imperativo realizar una actuación administrativa y su omisión tenga efectos equivalentes a una denegación. En este sentido, se considera que la omisión puede equivaler al dictado de una resolución arbitraria cuando el resultado de la inacción es manifiestamente injusto y se aparta del parámetro de legalidad.

La **STS n.º 693/2018, de 21 de diciembre, ECLI:ES:TS:2018:4415**, resuelve el recurso interpuesto por un funcionario contra la sentencia de la Audiencia Provincial que lo condenó, por un delito continuado de prevaricación administrativa, a una pena de inhabilitación especial de 9 años, 3 meses y un día. El recurrente alegó la indebida aplicación del art. 404 del CP, argumentando que los hechos probados no acreditaban los elementos constitutivos del delito de prevaricación administrativa, especialmente la existencia de una resolución arbitraria y dictada a sabiendas de su injusticia. El Tribunal Supremo, al analizar el caso, recordó que el recurso de casación no permite revisar los hechos declarados probados, sino únicamente su correcta subsunción jurídica. En este sentido, el delito de prevaricación administrativa, según el artículo 404 del Código Penal, exige los siguientes elementos:

- Ser autoridad o funcionario público.
- Adoptar una decisión en el ejercicio de su cargo.
- Que la resolución sea arbitraria y contraria al derecho.
- Que sea dictada a sabiendas de su injusticia.

El Tribunal Supremo señaló que la mera ilegalidad administrativa no basta para configurar el delito de prevaricación, sino que se requiere una arbitrariedad clara y el conocimiento de la injusticia, extremos que no se probaron suficientemente en el presente caso.

> «La prevaricación administrativa precisa así de una declaración de voluntad de contenido decisorio que afecte a los administrados, si bien el delito exige que la resolución resulte arbitraria, en el sentido de que además de contrariar la razón, la justicia y las leyes, lo haga desviándose de la normo praxis administrativa de una manera flagrante, notoria y patente, esto es, que el sujeto activo dicte una resolución que no sea el resultado de la aplicación del ordenamiento jurídico sino, pura y simplemente, una voluntad injustificable revestida de una aparente fuente de normatividad pues, como señala la doctrina jurisprudencial (sentencias núm. 674/98, de 9 de junio y 31 de mayo de 2002, núm. 1015/2002, entre otras) 'el delito de prevaricación no trata de sustituir a la Jurisdicción Contencioso-Administrativa en su labor genérica de control del sometimiento de la actuación administrativa a la Ley y al Derecho, sino de sancionar supuestos-límite en los que la posición de superioridad que proporciona el ejercicio de la función pública se utiliza para imponer arbitrariamente el mero capricho de la Autoridad o Funcionario, perjudicando al ciudadano afectado (o a los intereses generales de la Administración Pública) en un injustificado ejercicio de abuso de poder. No es la mera ilegalidad sino la arbitrariedad, lo que se sanciona».

En consecuencia, la Sala estimó el recurso de casación, anulando la condena por el delito continuado de prevaricación administrativa.

|| Objeto del delito y bien jurídico protegido

En este caso, el **objeto del delito** es la resolución arbitraria que ha sido dictada por la autoridad o funcionario público a sabiendas de su injusticia en un asunto administrativo. El término resolución es analizado en la mencionada **SAP de Alicante n.° 356/2024, de 10 de octubre, ECLI:ES:APA:2024:1339**, que remitiéndose a la doctrina de nuestro Alto Tribunal, describe como *«(...) cualquier acto administrativo que suponga una declaración de voluntad, de contenido decisorio que afecte a los derechos de los administrados y a la colectividad en general, bien sea expresa, tácita, oral o escrita».*

Por su parte, el **bien jurídico protegido** es el correcto ejercicio de la función pública, garantizando que esta se lleve a cabo conforme a los principios constitucionales y legales que orientan su actuación. En particular, se busca proteger el sometimiento pleno a la ley y al derecho, la objetividad en el cumplimiento de los fines públicos y el respeto al principio de legalidad como fundamento básico de un Estado social y democrático de Derecho.

En virtud de lo anterior, el art. 404 del CP resulta adecuado para reforzar la confianza ciudadana en la imparcialidad de los poderes públicos, combatiendo la corrupción o los abusos administrativos más flagrantes en aras de los principios de legalidad y objetividad en la actuación administrativa.

‖ Marco penológico

El legislador ha prescindido de sanciones de privación de libertad, optando por una **pena** prolongada —9 a 15 años— de **inhabilitación especial**. La medida pretende operar como elemento disuasorio y corrector de malas prácticas institucionales.

8.2. Prevaricación por nombramiento ilegal de cargos públicos

Prevaricación por nombramiento ilegal de cargos públicos

Con el fin de garantizar la legalidad en el acceso a cargos públicos, el art. 405 del CP establece que cualquier **autoridad o funcionario** público que, sabiendo que actúa ilegalmente, **proponga, nombre o dé posesión a una persona en un cargo público sin que esta cumpla los requisitos legales**, incurrirá en responsabilidad penal.

‖ Sujeto activo

El delito regulado en el art. 405 del CP es la autoridad o funcionario público que, en el ejercicio de su competencia, lleva a cabo la conducta típica. Es fundamental que la acción se realice en el ejercicio de su competencia, lo que limita el sujeto activo a aquellas autoridades o funcionarios que tienen la responsabilidad de intervenir legítimamente en los procesos de selección, propuesta, nombramiento o posesión de cargos públicos.

‖ Sujeto pasivo

En primer término, el sujeto pasivo del delito regulado en el art. 405 del CP es la Administración pública. Por extensión, el interés general en la selección legal y legítima de los cargos públicos. Más detalladamente:

- La Administración pública es la principal perjudicada porque el delito atenta contra el adecuado funcionamiento y legalidad del sistema de acceso a la función pública. La irregular provisión de cargos degrada la transparencia, la confianza institucional y el ejercicio equitativo de las funciones públicas.

- La ciudadanía y los aspirantes legítimos resultan indirectamente afectados, pues el delito supone una quiebra del principio de igualdad, mérito y capacidad en el acceso a la función pública.

- Sistema de legalidad e intereses colectivos. En un sentido amplio, la protección va dirigida al sistema de legalidad y al buen orden administrativo, ya que el precepto pretende preservar el correcto acceso a cargos públicos conforme a los requisitos legales establecidos.

‖ Conducta típica

Para cometer el delito del art. 405 del CP, la autoridad o funcionario, consciente y deliberadamente, deberá intervenir en favor del acceso de una persona a un cargo público para el que no cumple los requisitos, vulnerando con ello los principios de legalidad y de acceso reglado a los empleos públicos.

El artículo tipifica tres modalidades de acción:

- Proponer: presentar formalmente a una persona para ocupar un cargo público.

- Nombrar: realizar el acto administrativo mediante el cual se asigna oficialmente a una persona el cargo público.

- Dar posesión: permitir u ordenar que la persona tome efectivamente posesión del cargo asignado, posibilitando su ejercicio material.

La persona propuesta, nombrada o puesta en posesión deberá carecer de uno o varios de los requisitos que la ley establece como imprescindibles para el acceso o desempeño del cargo público de que se trate.

El elemento subjetivo del tipo es el dolo, pues es indispensable que la autoridad o funcionario actúe *«a sabiendas de su ilegalidad»*. Esto significa que actúa con pleno conocimiento de la falta de requisitos y de la contravención de la legalidad. Se exige, por tanto, el conocimiento expreso de la ilegalidad, lo que limita la aplicación del precepto a conductas dolosas y excluye la mera negligencia. La clave del precepto reside en la necesidad de que la actuación sea consciente y en contravención de la legalidad aplicable, protegiendo así la legalidad administrativa y el acceso legítimo a cargos públicos.

‖ Objeto del delito y bien jurídico protegido

El **objeto del delito** de prevaricación en el nombramiento de cargos públicos es el proceso de acceso legítimo y legal a tales cargos. Se refiere a aquellos actos administrativos de propuesta, nombramiento o toma de posesión en cargos públicos, los cuales deben estar sujetos rigurosamente a los requisitos legales establecidos. El objeto material, por tanto, es el propio nombramiento o acceso ilícito de una persona a un cargo o empleo público sin reunir los requisitos previstos por la normativa.

El **bien jurídico protegido** es el correcto funcionamiento y legalidad de la Administración pública, así como los principios que rigen el acceso a los cargos públicos. Entre estos principios destacan:

- Legalidad administrativa: la actuación de los poderes públicos debe estar sometida a la ley, especialmente en lo relativo a la provisión de cargos.
- Igualdad, mérito y capacidad: derechos fundamentales y principios constitucionales que garantizan el acceso en condiciones de igualdad y el respeto a los criterios objetivos y reglados para ocupar un empleo público.
- Interés general y confianza pública: evitar arbitrariedades y asegurar que la gestión de los asuntos públicos se realiza por personas capacitadas y debidamente seleccionadas.

De este modo, el artículo protege la integridad de las instituciones públicas y previene que intereses particulares o conductas conscientes y dolosas incumplan los procedimientos legales en perjuicio de la transparencia, la equidad y la eficacia del sector público.

‖ Marco penológico

La pena prevista en el art. 405 del CP es de multa de 3 a 8 meses y suspensión del empleo o cargo público por un período de 1 a 3 años. La combinación de ambas medidas responde a un criterio de proporcionalidad, buscando tanto la reparación del daño como la prevención especial y general. La gradación en la cuantía de la multa y en el plazo de suspensión estará sujeta a valoración judicial en cada caso concreto.

‖ Responsabilidad penal de quien acepta el cargo público de forma ilícita

Finalmente, el artículo 406 del CP castiga a quienes acepten un cargo público sabiendo que no cumplen los requisitos exigidos, aplicando la misma pena de multa —de 3 a 8 meses— prevista en el artículo 405 del CP para los funcionarios públicos responsables del nombramiento ilícito. Nuevamente, se requiere dolo como el elemento subjetivo del tipo, no habiendo delito si la persona que acepta el cargo no sabe que no está legitimada para ello.

Así, se equiparan las responsabilidades entre quien realiza el nombramiento indebido —presumiblemente regulado en el artículo anterior— y quien lo acepta a sabiendas de su improcedencia legal, con el fin de reforzar la protección de la legalidad en el acceso a cargos públicos, evitando el abuso de las autoridades y la colaboración pasiva de los ciudadanos.

Aunque la eficacia de este precepto se encuentra vinculada a la prueba del conocimiento efectivo del incumplimiento por parte del aceptante, el artículo cumple una función preventiva y sancionadora esencial en la regulación de la función pública.

8.3. Prevaricación medioambiental

Prevaricación medioambiental

El art. 329 del CP, en su apartado 1, establece la responsabilidad penal de las autoridades y funcionarios públicos que, de manera consciente, lleven a cabo las siguientes **conductas típicas**:

- Facilitar la concesión de licencias manifiestamente ilegales para industrias o actividades contaminantes.
- Omitir inspecciones obligatorias o silenciar infracciones en el ejercicio de sus funciones.

En su apartado 2, el artículo, sanciona a quienes resuelvan o voten a favor de dichas concesiones injustas dentro de organismos colegiados.

Las **penas** aplicables incluyen:

- Inhabilitación especial para empleo o cargo público y para el ejercicio del derecho de sufragio pasivo de 9 a 15 años (art. 404 del CP).
- Prisión de 6 meses a 3 años.
- Multa de 8 a 24 meses.

En conclusión, el precepto enfatiza la severidad de las consecuencias penales para autoridades y funcionarios públicos que actúen dolosamente en la concesión o inspección de licencias, protegiendo así el respeto a la legalidad en materia ambiental.

La **SAP de Badajoz n.º 17/2019, de 06 de febrero, ECLI:ES:APBA:2019:217**, denomina este delito como «prevaricación medioambiental», figura estrechamente relacionada con la prevaricación de funcionario público o administrativa: *«Ministerio Fiscal, en sus conclusiones elevadas a definitivas, calificó los hechos como constitutivos de un delito Continuado de Prevaricación Medioambiental del artículo 329.1 del Código Penal , en relación con el artículo 74 del Código Penal , en la redacción anterior a la L.O. 1/2015, y subsidiariamente, un delito Continuado de Prevaricación del artículo 404 del Código Penal , en relación con el artículo 74 del Código Penal».*

Por lo tanto, podemos incluir la denominada prevaricación medioambiental en nuestra clasificación como un punto relacionado con la prevaricación administrativa.

9.
PREVARICACIÓN URBANÍSTICA

Limites penales a la actuación administrativa en materia urbanística

El delito de prevaricación urbanística constituye una modalidad específica de la prevaricación administrativa, orientada a proteger la correcta ordenación del territorio y el urbanismo, evitando que autoridades o funcionarios utilicen su posición para imponer arbitrariamente decisiones contrarias al ordenamiento.

El **bien jurídico que protegido** con este tipo penal es doble, ya que se protege tanto la legalidad administrativa en materia urbanística, como la confianza en el normal funcionamiento de la Administración pública.

Regulación legal del delito de prevaricación urbanística

El tipo penal se divide en dos apartados, los cuales coinciden con las fases de informes e inspección y la fase decisoria.

- El apartado 1 del artículo 320 del Código Penal sanciona a la autoridad o funcionario que, a sabiendas de su injusticia, emite informe favorable sobre: instrumentos de planeamiento, proyectos de urbanización, parcelación o edificación o concesión de licencias cuando sean contrarios a la normativa urbanística. También castiga a quien silencia infracciones detectadas en inspección u omite inspecciones obligatorias.

- El apartado 2 del artículo 320 del Código Penal sanciona a la autoridad o funcionario que resuelve o vote favorablemente, por sí mismo o como miembro de órgano colegiado, la aprobación de instrumentos urbanísticos o concesión de licencias a sabiendas de su injusticia.

Tal y como se dice en la sentencia del Tribunal Supremo n.º 325/2024, de 17 de abril, ECLI:ES:TS:2024:1986, «*La conducta típica exige que la **resolución** que resulta arbitraria, en el sentido de que además de **contraria a la razón, a la justicia y a las leyes, lo haga desviándose de la norma administrativa*** *de una manera flagrante, notoria y patente, esto es, que el sujeto que dicte una resolución que no sea el resultado de la aplicación del ordenamiento jurídico, sino, pura y simplemente, una voluntad injustificable revestida de una aparente fuente de normatividad que encubre una decisión dictada por el mero capricho de su autor para imponer su voluntad en modo alguno alcanzable con ningún método razonable y aceptable de interpretación de la ley. El delito de prevaricación no trata de sustituir a la jurisdicción contencioso administrativa en su labor genérica de control de cometimiento de la actuación administrativa a la ley y al derecho, sino de sancionar los supuestos límites en los que la posición de superioridad que proporciona el ejercicio de la función pública se utiliza para imponer arbitrariamente el mero capricho de la autoridad o funcionario, perjudicando al ciudadano afectado, o a los intereses generales de la administración pública, en un injustificado ejercicio de abuso de poder. Lo que se sanciona no es la mera ilegalidad. Sino la arbitrariedad (STS 1015/2002)».*

CUESTIONES

1. ¿Es posible la comisión por omisión del delito de prevaricación urbanística?

Sí, la comisión por omisión es posible conforme a la jurisprudencia consolidada. Tal y como expone la sentencia del Tribunal Supremo n.º 294/2019, de 3 de junio, ECLI:ES:TS:2019:1801, en reiteración de la doctrina mantenida desde el Pleno no Jurisdiccional de 30 de junio de 1997, en el sentido de que la prevaricación administrativa, incluida la urbanística, pueden consumarse tanto mediante acción como por omisión. Lo expresa de la siguiente manera:

«En relación a la posibilidad de prevaricación por omisión, es cuestión que si fue polémica, ha dejado de serlo en esta sede casacional a partir del Pleno no Jurisdiccional de Sala de 30 de junio de 1997 que en una reinterpretación del tipo penal, a la vista de la Ley 30/92 de Régimen Jurídico de las Administraciones Públicas y del Procedimiento Administrativo Común, viene a otorgar a los actos prescritos, en determinadas materias y bajo ciertas condiciones, el mismo alcance que si se tratase de una resolución expresa... la decisión de no actuar supone una infracción de un deber activo, que constituye prevaricación por omisión».

*«Como tal **delito de infracción de un deber, este queda consumado en la doble modalidad de acción o comisión por omisión con el claro apartamiento de la actuación de la autoridad del parámetro de legalidad,** convirtiendo su actuación en expresión de su libre voluntad, y por tanto arbitraria, no se exige un efectivo daño a la cosa pública o servicio de que se trate en clave de alteración de la realidad, porque siempre existirá un daño no por inmaterial menos efectivo (...)».*

Por tanto, el fundamento de esta posibilidad reside en que tanto la acción (dictar una resolución arbitraria) como la inacción cuando resulta imperativo actuar (no adoptar medidas o resoluciones exigidas por la ley), pueden equivaler a una «resolución presunta» o denegatoria, cumpliendo así los requisitos típicos de la prevaricación penalmente relevante.

2. ¿Cabe apreciar delito continuado de prevaricación urbanística?

Sí. La reiteración de la conducta ilícita, con unidad de propósito y contexto, habilita jurídicamente a la apreciación de la figura del delito continuado de prevaricación urbanística, conforme a la doctrina sentada.

La sentencia del Tribunal Supremo n.º 425/20213, de 14 de mayo, ECLI:ES:TS:2013:3195, resuelve un caso en el que un técnico municipal interviene expedientes administrativos relativos al otorgamiento de licencias de obras y segregaciones en suelo rústico. A pesar de ser consciente de la ilicitud de la actuación (por no ser edificables los terrenos y carecer los expedientes de los preceptivos informes de compatibilidad territorial), informa favorablemente en cada expediente, permitiendo la concesión de licencias contrarias al ordenamiento territorial y urbanístico. La sentencia señala que, cuando un funcionario (en este caso un técnico municipal) interviene en múltiples ocasiones en distintos expedientes, informando favorablemente a pesar de la conciencia de su ilicitud y facilitando así la concesión de licencias urbanísticas contrarias a ordenamiento jurídico, no estamos ante hechos aislados o independientes sino ante una conducta delictiva continuada.

Así pues, si el técnico municipal emite sucesivamente informes ilícitos en expedientes distintos, conociendo su ilegalidad, podrá ser condenado por un delito continuado de prevaricación urbanística, lo que tiene repercusión en la individualización de la pena y refleja una mayor gravedad en la actuación frente a la comisión de un único hecho aislado.

Las **penas** impuestas para dichas conductas son las establecidas en el artículo 404 del Código Penal (inhabilitación especial de 9 a 15 años) y la pena de prisión de 1 año y 6 meses a 4 años y multa de 12 a 24 meses. Esta penalidad refleja la mayor gravedad de la prevaricación en materia urbanística.

Por último, cabe resaltar la sentencia del Tribunal Supremo n.º 766/2022, de 15 de septiembre, ECLI:ES:TS:2022:3320, la cual señala que no basta con la existencia de una mera ilegalidad o una infracción administrativa para apreciar la prevaricación, sino que serán necesarios cumplir los siguientes **elementos**:

- **Resolución dictada por autoridad o funcionario público en asunto administrativo**. Debe tratarse de una decisión, acto o resolución adoptada formalmente en el ámbito de competencias administrativas.

- **Ilegalidad**. La resolución debe ser contraria a derecho, ya sea por falta de competencia, omisión de trámites esenciales o quebrantamiento del contenido sustancial de la norma.

- **Injusticia manifiesta y arbitrariedad**. La ilegalidad debe ser de tal entidad que no pueda justificarse mediante una argumentación técnico-jurídica razonable. Debe tratarse de una decisión arbitraria (injustificable y claramente al margen de la legalidad y racionalidad).

- **Resultado materialmente injusto**. La resolución debe ocasionar un resultado materialmente injusto, es decir, un perjuicio que transcienda la mera ilegalidad administrativa.

- **Elemento subjetivo («a sabiendas»).** El autor debe actuar con pleno conocimiento de la injusticia de la resolución y con la voluntad de anteponer su voluntad particular a la legalidad. Es decir, es necesario que haya conciencia y voluntad de actuar injustamente.

Tal y como expresa la sentencia:

«No es suficiente la mera ilegalidad, la mera contradicción con el Derecho, sino que es preciso un plus de antijuridicidad y arbitrariedad que justifique la intervención penal. Existe delito de prevaricación cuando la autoridad o funcionario, teniendo plena conciencia de que resuelve al margen del ordenamiento jurídico y ocasiona un resultado materialmente injusto, actúa porque quiere ese resultado».

Relación entre prevaricación administrativa y prevaricación urbanística

El artículo 320 del Código Penal se configura como una modalidad especial de prevaricación, específicamente vinculada a la actividad urbanística, que se distingue de la prevaricación administrativa genérica prevista en el artículo 404 del Código Penal. Mientras este último tipo penal exige que la autoridad o funcionario dicte una resolución arbitraria, adoptada a sabiendas de su injusticia, el artículo 320 del CP tipifica como conducta punible el hecho de informar o resolver favorablemente determinados instrumentos urbanísticos o licencias con pleno conocimiento de su injusticia.

Pese a esta especialidad, el núcleo de antijuridicidad es común: la existencia de una resolución o informe arbitrario, es decir, desprovisto de una justificación técnico-jurídica mínimamente razonable y dictado con desviación consciente del ordenamiento. En este sentido, la respuesta penal y la administrativa deben concebirse como complementarias en la protección del urbanismo. El derecho administrativo ejerce funciones preventivas para las infracciones más graves, respetando su carácter de última ratio.

La sentencia del Tribunal Supremo n.º 294/2019, de 03 de junio, ECLI:ES:TS:2019:1801, profundiza en esta distinción al señalar que la prevaricación urbanística del artículo 320 del CP requiere una injusticia específica consistente en la **puesta en peligro de la ordenación del territorio**. No obstante, el bien jurídico protegido no se agota en la tutela urbanística. Al igual que en toda prevaricación administrativa, el tipo penal protege también el correcto funcionamiento de la Administración pública, garantizando que la actuación de autoridades y funcionarios se ajuste a los principios de legalidad, objetividad e imparcialidad.

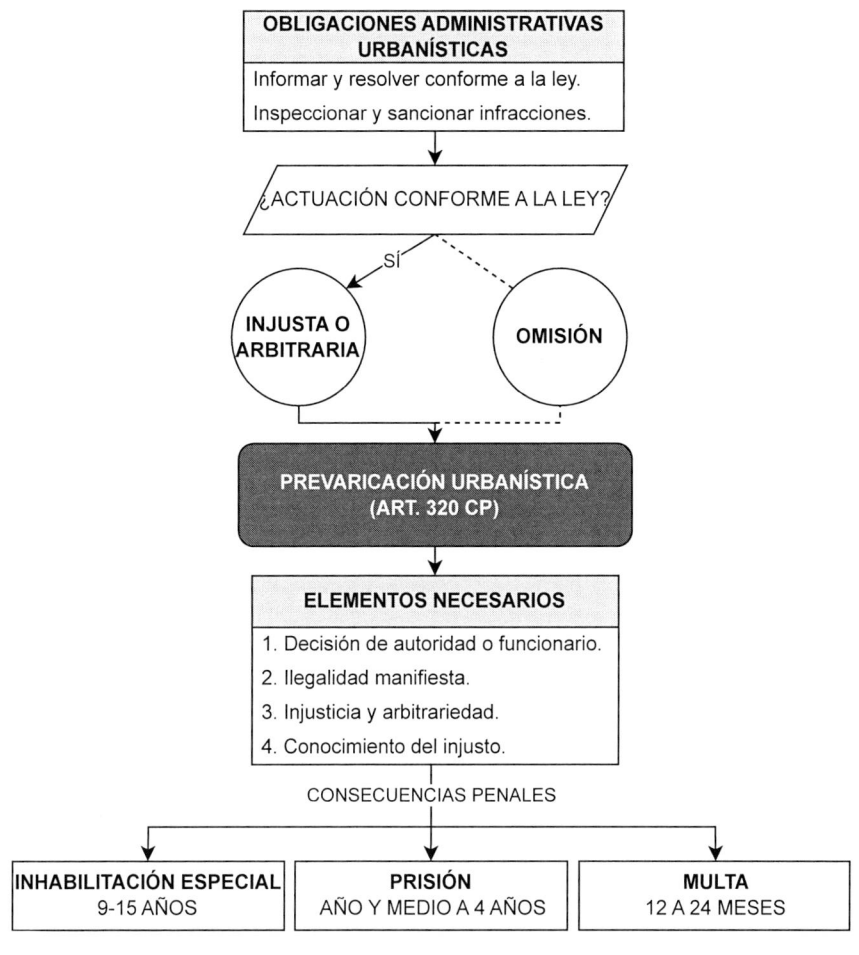

OBLIGACIONES ADMINISTRATIVAS URBANÍSTICAS

Informar y resolver conforme a la ley.

Inspeccionar y sancionar infracciones.

¿ACTUACIÓN CONFORME A LA LEY?

SÍ

INJUSTA O ARBITRARIA

OMISIÓN

PREVARICACIÓN URBANÍSTICA (ART. 320 CP)

ELEMENTOS NECESARIOS

1. Decisión de autoridad o funcionario.

2. Ilegalidad manifiesta.

3. Injusticia y arbitrariedad.

4. Conocimiento del injusto.

CONSECUENCIAS PENALES

INHABILITACIÓN ESPECIAL	PRISIÓN	MULTA
9-15 AÑOS	AÑO Y MEDIO A 4 AÑOS	12 A 24 MESES

10.
PREVARICACIÓN EN RELACIÓN CON LA ALTERACIÓN GRAVE O DERRIBO DE EDIFICIOS SINGULARMENTE PROTEGIDOS

La prevaricación en materia de la protección del patrimonio histórico

El artículo 322 del Código Penal tipifica una modalidad cualificada de prevaricación administrativa, vinculada específicamente a la protección del patrimonio histórico.

Su inclusión dentro del título XVI («*De los delitos relativos a la ordenación del territorio y el urbanismo, la protección del patrimonio histórico y el medio ambiente*»), capítulo II («*De los delitos sobre el patrimonio histórico*») demuestra la intención del legislador de sancionar de manera más intensa aquellas decisiones públicas que, mediante resoluciones manifiestamente injustas, permiten la destrucción, alteración o daño grave de bienes singularmente protegidos.

Se trata pues de un **delito especial propio**, ya que agrava la respuesta penal prevista en el artículo 404 del Código Penal para la prevaricación administrativa cuando la conducta afecta a edificios singularmente protegidos, reforzando así la tutela de los bienes de valor histórico, artístico o cultural.

La configuración de este tipo penal es particularmente relevante en contextos de corrupción urbanística, donde resoluciones administrativas injustas suelen estar asociadas a intereses económicos particulares, presiones ilegítimas o prácticas de cohecho y tráfico de influencias.

El **bien jurídico protegido** en este delito es **doble**: por un lado, se protege el correcto funcionamiento de la Administración pública y la imparcialidad de sus funcionarios (este es también el bien jurídico protegido en el delito de prevaricación); y, por otro lado, se protege la preservación del patrimonio histórico.

Estructura típica del artículo 322 del Código Penal

El artículo 322 del Código Penal sanciona dos **conductas** diferenciadas:

- Informar favorablemente, **a sabiendas de su injusticia,** proyectos de derribo o alteración de edificios singularmente protegidos (apartado 1 del artículo).

- Resolver o votar a favor, por sí o como miembro de un órgano colegiado, de tales proyectos, **a sabiendas de su injusticia** (apartado 2 del artículo).

La norma enfatiza el carácter decisivo del informe o resolución en el procedimiento administrativo, pues ambos actos favorecen actuaciones gravemente lesivas para bienes especialmente protegidos.

La jurisprudencia del Tribunal Supremo (STS n.º 654/2004, de 25 de mayo, ECLI:ES:TS:2004:3570 y las allí citadas) resume como **elementos** necesarios del delito los siguientes:

1. **Sujeto activo: autoridad o funcionario público**. Debe ostentarse la condición definida en el artículo 24 del Código Penal, siendo por ende un **delito especial propio**. Por tanto, solo quienes ostentan esas condiciones podrán ser sujetos activos, aunque se admite la participación de terceros.

2. **Resolución injusta o arbitraria**. La resolución en asunto administrativo debe ser injusta o arbitraria, ambas equivalentes y vinculadas a la prohibición del apartado 3 del artículo 9 de la Constitución española. No bastará el mero error, ilegalidad, interpretación discutible o criterios controvertidos, sino que será necesaria una **discordancia patente, clara y evidente con el ordenamiento jurídico**. La injusticia debe ser notoria, inexplicable racionalmente y de modo que cualquiera pudiera advertir su carácter arbitrario. A mayores, el origen de la injusticia o arbitrariedad puede derivar de una falta absoluta de competencia del órgano funcional, de la inobservancia de las normas esenciales del procedimiento, de la falta total de motivación o del contenido material de la resolución cuando es abiertamente contraria a Derecho.

3. **Elemento subjetivo: «a sabiendas»**. El tipo penal exige **dolo directo**, es decir, el autor debe conocer los elementos objetivos del injusto y ser consciente del carácter injusto o arbitrario de la resolución. No basta el dolo eventual.

El **objeto material** del delito son **inmuebles que cuentan con un régimen de protección reforzado**, ya sea por la legislación estatal, autonómica o por los instrumentos urbanísticos. Es necesario acreditar expresamente esta condición, sino el delito sería el del artículo 404 del Código Penal.

Se castiga este tipo penal con la **pena** prevista en el artículo 404 del Código Penal (inhabilitación especial de 9 a 15 años) y se añade la imposición acumulativa de pena de prisión de 6 meses a 2 años o multa de 12 a 24 meses, dada la especial trascendencia del bien jurídico protegido.

El principio de *non bis in idem* en el ámbito urbanístico

La materia urbanística suele implicar procedimientos administrativos sancionadores paralelos al penal, por tanto, es imprescindible analizar el principio de *non bis in idem*. La sentencia anteriormente mencionada señala que «*(...) la jurisdicción penal tiene preferencia en su tramitación respecto de los expedientes de orden meramente gubernativo. Hay que esperar a la terminación del procedimiento judicial penal para reanudar, en su caso, el administrativo*».

Conforme a la doctrina del Tribunal Constitucional (STC n.º 177/1999, de 11 de octubre, ECLI:ES:TC:1999:177), una sanción administrativa previa impide un procedimiento penal posterior siempre que haya identidad de hechos, sujeto y fundamento, aplicando el principio de *non bis in idem*. Posteriormente, la STC n.º 2/2003, de 16 de enero, ECLI:ES:TC:2003:2 (Pleno) **modifica la doctrina anterior,** entendiendo que **la cosa juzgada es un efecto propio solo de resoluciones judiciales**, no de las administrativas y que, por lo tanto, una sanción administrativa no bloquea una condena penal posterior. En caso de que existiese una sanción administrativa previa, se descontará la sanción administrativa ya cumplida al imponer la pena penal.

Conexión del artículo 322 del CP con la corrupción urbanística

Aunque el artículo 322 del CP se ubica dentro de los delitos relativos al patrimonio histórico, su contenido se conecta de forma natural con los delitos de corrupción administrativa, por dos razones esenciales: la primera es que el autor será siempre un funcionario o autoridad pública actuando en ejercicio de sus competencias decisorias; la segunda es que la finalidad típica suele estar vinculada a intereses privados (constructoras, promotoras, grupos económicos...) que buscan obtener beneficios urbanísticos mediante la destrucción o alteración de bienes protegidos.

Es por ello que este tipo delictivo se integra de manera lógica dentro de un estudio de la corrupción urbanística, ya que muestra cómo el ejercicio arbitrario del poder administrativo puede actuar como facilitador de graves daños al patrimonio histórico mediante resoluciones conscientemente injustas.

11.
TRÁFICO DE INFLUENCIAS

El delito de tráfico de influencias en el Código Penal

El delito de tráfico de influencias constituye uno de los delitos contra la Administración pública incluidos en el capítulo VI del título XIX «*Delitos contra la Administración pública*» del Código Penal. Su finalidad es proteger la imparcialidad, autonomía y objetividad de los funcionarios públicos y autoridades en la adopción de decisiones administrativas, evitando que terceras personas, públicas o privadas, desvíen dicha función hacia intereses particulares mediante la explotación de relaciones personales, jerárquicas o profesionales.

Atendiendo al **bien jurídico protegido**, este delito es **pluriofensivo**, ya que vulnera tanto la imparcialidad administrativa como la igualdad de los ciudadanos en el acceso a las decisiones públicas, además de poner en peligro la confianza en el funcionamiento de la Administración.

‖ Configuración legal del delito de tráfico de influencias

Los artículos 428, 429 y 430 del Código Penal contemplan las tres **modalidades típicas** del delito de tráfico de influencias:

1. **Influencia ejercida por autoridad o funcionario** (artículo 428 del Código Penal).
2. **Influencia ejercida por particular** (artículo 429 del Código Penal).
3. **Sujeto que ofrece influencias o solicita dádivas a cambio de ellas** (artículo 430 del Código Penal).

El artículo 431 del Código Penal contiene la definición de funcionario público aplicable a estos preceptos, remitiéndose a el artículo 24 del Código Penal y al artículo 427 del Código Penal.

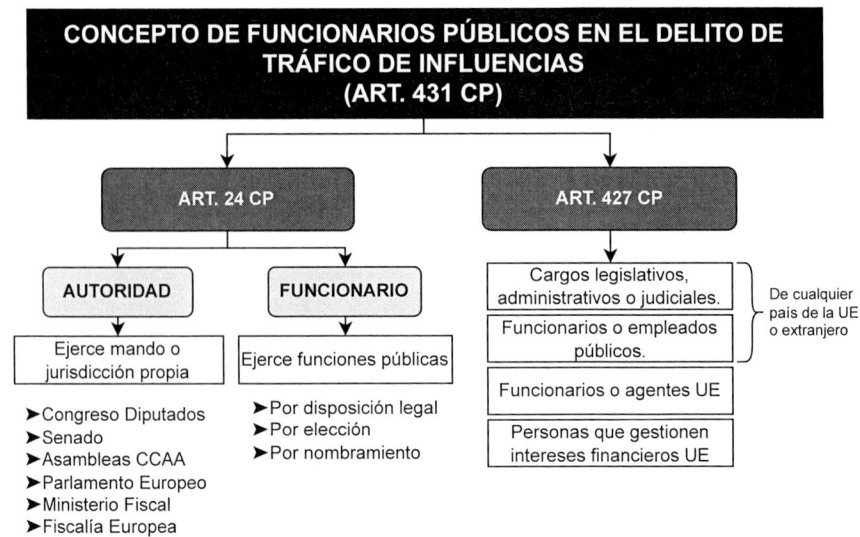

‖ Elementos comunes del tráfico de influencias

Los elementos comunes en las tres modalidades del tráfico de influencias son:

- **La influencia**. El acto de influir no equivale a alterar directamente el proceso de decisión del funcionario o autoridad influido. Lo esencial es el uso de **procedimientos capaces de lograr que otro actúe conforme a la voluntad del que influye**. Por tanto, no basta la mera sugerencia, la influencia debe tener una entidad suficiente como para asegurar su eficacia gracias a la existencia de una situación real de ascendencia o superioridad del influente sobre el influido (STS n.º 1002/2021, de 17 de diciembre, ECLI:ES:TS:2021:4939).

- **La resolución administrativa**. Conforme a la jurisprudencia del Tribunal Supremo será resolución cualquier **acto administrativo de carácter decisorio** que afecta a derechos intereses de los administradores o de la colectividad y que resuelve de forma ejecutiva un asunto, poniendo fin a una cuestión con eficacia jurídica.

> **CUESTIÓN**
>
> **¿Qué no es una resolución?**
>
> Quedan excluidos:
>
> – Actos políticos.
>
> – Actos de trámite, tales como: informes, consultas, dictámenes, propuestas, diligencias…, estos actos son preparatorios y sirven para hacer posible la resolución final, pero no deciden sobre el fondo del asunto.

- **El beneficio económico**. Podrá ser directo o indirecto, para sí mismo o para un tercero.

CUESTIONES

1. ¿Cuándo se consuma el delito?

El delito de tráfico de influencias es un **delito de mera actividad**, no de resultado, por lo que bastará con ejercer la influencia, no siendo necesario que se obtenga la resolución deseada ni que se produzca el beneficio económico.

Tal y como establece la sentencia del Tribunal Supremo n.º 554/2023, de 6 de julio, ECLI:ES:TS:2023:2947:

«(...) consumándose el delito con esa influencia, que puede ser de cualquier tipo, desde la más a la menos sutil, como son las indicaciones o notas (...).

En definitiva, la influencia ha de dirigirse a la consecución de una resolución que puede generar directa o indirectamente un beneficio económico. No es necesario para el perfeccionamiento delictivo que se produzcan resolución ni que exista beneficio económico, aunque juega como criterio de la pena, agravándola si se da tal beneficio, la materialización de tal beneficio no se conforma como resultado exigible para la consumación del delito, sino como un mero subtipo agravado. Ello es imprescindible, por el contrario, que se manifieste y pruebe la intención por parte del sujeto activo de obtener la resolución y el beneficio para él o para un tercero"».

2. ¿Cabe comisión por omisión en el delito de tráfico de influencias?

El delito de tráfico de influencias exige un acto positivo, concluyente y eficaz de influjo prevalente, imposible de satisfacer mediante una simple omisión.

En la STS n.º 480/2004, de 7 de abril, ECLI:ES:TS:2004:2392, reconoce la Sala que, igual que ocurre en la inducción, **resulta extraordinariamente difícil compatibilizar una conducta omisiva con la estructura del delito de tráfico de influencias**. En la inducción, la omisión solo sería relevante si consistiera en no disuadir a quien ya ha decidido cometer un delito, pero esto se reconoce como hipótesis excepcional. De forma análoga, para el tráfico de influencias, un engaño omisivo (como ocultar un dato) raramente podría constituir la creación de una voluntad en otro funcionario o autoridad ni un acto idóneo para dirigir el sentido de una resolución administrativa.

La jurisprudencia exige para este delito un acto concluyente de prevalimiento, por lo que debe existir un ejercicio efectivo de predominio o fuerza moral sobre el funcionario influido. Y, además, la resolución final debe venir motivada por esa presión o influencia.

A mayores, el artículo 11 del Código Penal establece como requisitos para la comisión por omisión de una infracción de un deber jurídico (la infracción de normas éticas o estéticas no integra el tipo penal) y una equivalencia entre la omisión y la acción (la omisión no es equivalente a influir activamente ni tiene potencial para determinar la voluntad del sujeto influido).

Tráfico de influencias cometido por autoridad o funcionario

Regulado en el artículo 428 del Código Penal, en esta modalidad del tráfico de influencias será **sujeto activo** una **autoridad o funcionario público**, conforme a la definición del artículo 431 del Código Penal, y deberá realizar la

conducta típica consistente en influir en otro funcionario o autoridad prevaliéndose de: el ejercicio de las facultades del cargo o de cualquier situación derivada de una relación personal o jerárquica. La influencia debe dirigirse a conseguir una resolución que genere un beneficio económico, directo o indirecto, para sí mismo o para un tercero.

Respecto al **tipo subjetivo**, este tipo penal requiere **dolo**, y este incluye el conocimiento de la posición de influencia y la intención de obtener una resolución con efectos económicos.

Esta modalidad se castiga con la **pena** de prisión de 6 meses a 2 años, multa del tanto al duplo del beneficio perseguido u obtenido e inhabilitación especial de 5 a 9 años. Se establece una **agravante** del delito, por la que se impondrá la pena en su mitad superior si se obtiene efectivamente el beneficio.

CUESTIÓN

¿Es suficiente la influencia derivada de una relación política para ser condenado por el delito de tráfico de influencias?

Sí, según la jurisprudencia del Tribunal supremo recogida en la STS n.º 1008/2022, de 9 de enero, ECLI:ES:TS:2023:1, es suficiente la influencia derivada de la relación política y la capacidad de ascendencia sobre otros cargos públicos para que pueda apreciarse el delito de tráfico de influencias, sin que sea necesario concurrir coacción, presión expresa ni remuneración directa.

En el caso resuelto por la sentencia, un funcionario o autoridad, que ocupa un cargo relevante en la dirección de un partido político, sugiere a otros cargos públicos o funcionarios que adjudiquen un contrato público a una empresa determinada, sin mediar coacción ni remuneración directa. Aprovecha su ascendencia política sobre los cargos decisores, pertenecientes a su mismo partido y territorio, para influir en la adjudicación. Así pues, el TS declara que el artículo 428 del Código Penal sanciona a la autoridad o funcionario público que, *«prevaliéndose del ejercicio de las facultades de su cargo o de cualquier otra situación derivada de su relación personal o jerárquica con otro funcionario público o autoridad»*, influya en estos para obtener una resolución que le pueda reportar un beneficio económico propio o ajeno. El tribunal sostiene expresamente que el prevalimiento no se identifica con la coacción sobre la voluntad del funcionario, y que basta que el sujeto activo «se haya valido de una situación que puede influir sobre la motivación del funcionario», entendiendo la influencia como «la sugestión, inclinación, invitación o instigación» que una persona ejerce sobre otra para alterar el proceso motivador de ésta.

Así, en el caso enjuiciado, se consideró probado que determinados acusados, por su posición dentro del comité ejecutivo provincial de su partido y la influencia política reconocida sobre otros cargos locales y sectoriales, impulsaron la adjudicación de contratos públicos a empresas de su círculo, incluso aunque no tuvieses competencia formal o jerárquica sobre los decisores. El tribunal razonó que ciertas decisiones de contratación, como la adjudicación directa a mercantiles afines o la sugerencia política realizada entre compañeros del mismo partido, configuran un prevalimiento suficiente si concurren: una relación de ascendencia política o personal relevante que otorga al sujeto activo un evidente predominio moral sobre el funcionario o autoridad que debe decidir; la acreditación de que dicha influencia se materializó en una adjudicación, sin importar que se haya exteriorizado como coacción o mero aprovechamiento de la posición; y la existencia de un beneficio directo o indirecto para el sujeto activo o un tercero, normalmente económico.

El TS resalta que el aprovechamiento de la pertenencia al partido político, especialmente en cargos directivos, constituye una de las situaciones típicas de prevalimiento conforme al artículo 428 del CP. Basta con que ello motive o ayude a motivar la decisión administrativa de otro cargo público, aunque no medie amenaza ni coacción.

Así pues, **la presión o influencia política es suficiente para fundar una condena por tráfico de influencias, siempre que se acredite el nexo causal entre la ascendencia y la obtención de la resolución administrativa buscada. La jurisprudencia rechaza que sea necesario un dominio jerárquico formal, o que se trate de un acto violento o persecutorio**: lo relevante es la utilización de la posición política o personal para apartar la decisión administrativa de su surco regular y obtener una adjudicación o beneficio.

Tráfico de influencias cometido por particular

En este tipo, regulado en el artículo 429 del Código Penal, será **sujeto activo** cualquier **particular** que influya en una autoridad o funcionario público, aprovechando una relación personal con este último o con otros funcionarios o autoridades. La **conducta típica** será la misma que en el tipo anterior: influir para obtener una resolución con beneficio económico.

También se requiere **dolo** en este tipo penal, no siendo posible la comisión imprudente del delito. Por tanto, solo será punible la conducta en la que el sujeto activo actúe con conocimiento y voluntad de influir, prevaliéndose de su posición para obtener una resolución que pueda generar un beneficio económico para sí o para un tercero.

En este caso, la **pena** será la de prisión de 6 meses a 2 años, multa del tanto al duplo del beneficio y prohibición de contratar con el sector público, obtener ayudas o beneficios fiscales o de Seguridad Social de 6 a 10 años. Como en el supuesto anterior, la agravante de imponer la pena en su mitad superior se apreciará si se obtiene el beneficio.

CUESTIÓN

¿Constituye delito usar amistades para lograr un contrato público?

La sentencia del Tribunal Supremo n.º 277/2018, de 8 de junio, ECLI:ES:TS:2018:2056, resuelve un supuesto en el que un particular con una notoria posición social y cercana relación personal con altos cargos de una Administración pública, pretende que una fundación pública le adjudique sin concurso público la organización de un evento relevante. Aprovechándose de su amistad con el director general y de su reconocida influencia institucional, propone el proyecto directamente al presidente de la fundación, quien decide aceptar la propuesta omitiendo los procedimientos legalmente establecidos para estas contrataciones. La influencia del particular es decisiva para la adjudicación, lográndose así la contratación en términos ventajosos y sin competencia de otros posibles licitadores.

El tribunal concluye que la conducta descrita constituye un delito de tráfico de influencias tipificado en el artículo 429 del Código Penal, el cual castiga al particular que influye en funcionario público o autoridad, prevaliéndose de cualquier situación derivada de su relación personal con estos o con otros funcionarios o autoridades, para conseguir una resolución que le genere directa o indirectamente un beneficio económico propio o de tercero. La sentencia, tras fijar una interpretación restrictiva del tipo, considera que los elementos necesarios son:

- Prevalimiento de una relación personal o posición de privilegio. El sujeto activo debe situarse en una posición de ascendiente sobre el sujeto influido, bien por amistad o notoria posición institucional, no siendo suficiente la simple recomendación o sugerencia.

- Influencia efectiva. Debe tratarse de una presión moral suficientemente relevante para alterar el proceso motivador del funcionario influido, imponiendo así condiciones ventajosas para sí o un tercero, normalmente en perjuicio de la objetividad, imparcialidad y legalidad en la actuación administrativa.

- Finalidad de obtener una resolución administrativa generadora de beneficio económico. No basta con influir en actos de trámite, sino que el objetivo debe ser la obtención de una resolución de la que derive un beneficio económico.

- Idoneidad de la influencia. Se requiere que la influencia ejercida sea, al menos, potencialmente, idónea para lograr la resolución.

Por tanto, la conducta descrita es subsumible en el artículo 429 del CP, siempre que quede acreditado ese vínculo personal utilizado como instrumento de influencia y la obtención de la resolución favorable económicamente. Debe recordarse que la responsabilidad del funcionario influido será, en su caso, la correspondiente por prevaricación u otros delitos, pero el particular responde por su propia conducta de tráfico de influencias, aun cuando la iniciativa parta de quien se beneficia del contrato.

Ofrecimiento o solicitud de influencia

En esta modalidad, regulada en el artículo 430 del Código Penal, la **conducta típica** consistirá en ofrecerse a realizar actos de tráfico de influencias de los dos artículos anteriores o solicitar dádiva, presentes o remuneraciones o aceptar ofrecimientos, a cambio de influir.

En este caso, la **pena** será de prisión de 6 meses a 1 año. Si el autor es autoridad o funcionario público, además, se impondrá la pena de inhabilitación especial de 1 a 4 años. Por último, en el caso de las personas jurídicas la pena será de multa de 6 meses a 2 años, pudiéndose imponer otras penas.

JURISPRUDENCIA

Sentencia del Tribunal Supremo n.º 335/2006, de 24 de marzo, ECLI:ES:TS:2006:1963

«(...) la naturaleza netamente económica se predica de la resolución administrativa que el tercero espera en su propio beneficio, según la promesa de influir en su consecución que le ha hecho el acusado. En efecto, al remitirse el art. 430 a los dos artículos precedentes, en ellos se habla de "resolución que le pueda generar directa o indirectamente un beneficio económico para sí o para un tercero...".

Sin embargo, lo que el tercero le ofrece por la esperanza de los buenos oficios del acusado, con posibilidad de imponer una decisión administrativa, es una "dádiva, presente o cualquier otra remuneración", que es lo que aquél solicita; pero también cumple con el tipo si acepta el "ofrecimiento o promesa" que el tercero le hace.

Observamos que dentro de estos términos no se menciona el aspecto económico, aunque usualmente será esa contraprestación la que actúe, pero la amplitud de la frase "cualquier otra remuneración" permite interpretar los términos del precepto de tal suerte que en el concepto puede comprenderse cualquier recompensa o beneficio del tipo que sea.

3. Por lo demás, no es necesario para la consumación del delito que el acusado realmente tenga posibilidades de influir, o sea simplemente una falacia, como tampoco que aun teniendo tal posibilidad, se haya hecho o no la gestión y ésta haya sido exitosa o anodina.

El delito es de simple actividad, y en él, el legislador ha mostrado un rigor inusitado al criminalizar un acto preparatorio, todavía alejado de lo que sería el bien jurídico protegido: la objetividad e imparcialidad de las decisiones administrativas, exigencia primordial para un correcto funcionamiento de las Administraciones públicas.

Es indiferente que la conducta delictiva haya repercutido en la resolución administrativa o encontrado favorable acogida por parte del receptor para que el delito se entienda perfeccionado.

4. Dentro de ese rigor punitivo y aunque a efectos retóricos entendiéramos que la interpretación del precepto alcanza exclusivamente a las compensaciones de naturaleza económica, tampoco podría discutirse el valor o importancia económica del ofrecimiento de un contrato laboral indefinido (real o existente como preconiza el recurrente) que además se establece previamente un salario respetable, por no decir sustancioso».

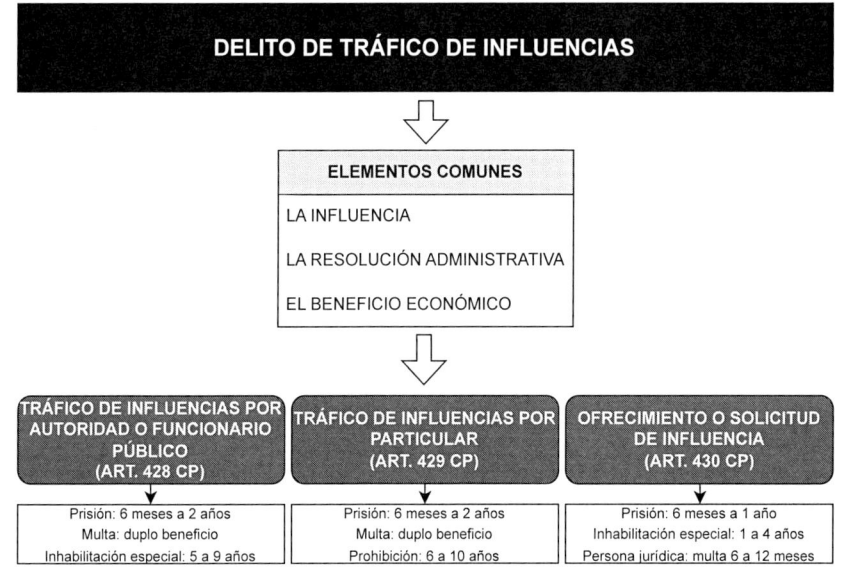

12.
OTROS DELITOS RELACIONADOS CON LA CORRUPCIÓN

12.1. Delito de asociación ilícita

Delitos cometidos en el ejercicio del derecho de asociación

Los delitos contra la Constitución, entre los que se encuentran los cometidos en el ejercicio de derechos fundamentales, se hallan tipificados en los arts. 510 a 521 del CP. Esta categoría comprende los delitos de odio, reuniones y manifestaciones ilícitas y, como veremos a continuación, los de asociación ilícita.

El delito de asociación ilícita

El art. 22 de la CE proclama el derecho fundamental de asociación y previene, en su apartado 2, que las asociaciones que persigan fines o utilicen medios tipificados como delito son ilícitas. Esta limitación excepcional al ejercicio del derecho de asociación se desarrolla en los arts. 515 y 517 del CP, de modo que, el primero concreta cuándo la actividad asociativa deja de gozar de protección constitucional y se convierte en ilícito penal, mientras el segundo establece las penas aplicables al tipo básico.

Por su parte, los arts. 518 a 521 del CP castigan con diferentes penas estas **otras modalidades**:

- La cooperación relevante, económica o de otra clase, que favorezca la fundación, organización o actividad de las asociaciones ilícitas (art. 518 del CP).

- La provocación, la conspiración y la proposición para cometer el delito (tipo atenuado del art. 519 del CP).

- Su comisión por parte de una autoridad, agente de esta o funcionario público (tipo agravado del art. 521 del CP).

¿Qué asociaciones pueden ser consideradas ilícitas y, por tanto, penalmente sancionables?

El art. 515 del CP proporciona los criterios de identificación de las asociaciones penalmente punibles:

1. **Aquellas cuyo objeto sea cometer delitos o promuevan su comisión tras constituirse**, por su potencial lesivo para la sociedad y el Estado. (Ejemplo: un grupo formalmente constituido como asociación cultural, cuya finalidad real sea organizar robos en viviendas y repartir el botín entre sus miembros).

2. **Las que empleen medios violentos o métodos de alteración o control de la personalidad para lograr sus fines**, aunque sean lícitos. En aras de la dignidad individual, se rechaza tanto el empleo de la violencia como los métodos de manipulación de la personalidad. (Ejemplo: una organización religiosa que, aunque persiga el bienestar espiritual —fin lícito—, obliga a sus miembros a someterse a rituales psicológicamente coactivos o utiliza violencia física para lograr su integración y obediencia).

3. **Organizaciones de carácter paramilitar**, por amenazar directamente el monopolio legítimo de la fuerza del Estado. (Ejemplo: una agrupación civil que, al margen de las Fuerzas y Cuerpos de Seguridad, estructure a sus miembros en unidades armadas, con entrenamiento militar y jerarquía, realizando patrullas armadas en barrios).

4. **Las que fomenten, promuevan o inciten al odio, hostilidad, discriminación o violencia** por motivos ideológicos, religiosos, étnicos, sexuales, de género, de exclusión social, enfermedad o discapacidad. Esta categoría responde a la tendencia contemporánea de proteger a colectivos vulnerables y frenar fenómenos de polarización y exclusión. (Ejemplo: un colectivo que organice campañas o actos públicos incitando a la violencia contra personas migrantes o que difunda mensajes discriminatorios y hostiles en sus redes sociales dirigidos a personas con discapacidad).

Este listado puede ser objeto de **interpretación judicial**, permitiendo su adecuación a las diversas realidades sociales.

Requisitos de la asociación ilícita según la jurisprudencia

En resoluciones como la **STS n.º 745/2008, de 25 de noviembre, ECLI:ES:TS:2008:6627**, el Alto Tribunal determina que estaremos ante una **asociación ilícita** cuando haya:

- **Pluralidad de personas** asociadas para llevar a cabo una determinada actividad.
- Existencia de una **organización** más o menos compleja en función del tipo de actividad prevista.
- **Consistencia** o permanencia de la organización, en el sentido de que el acuerdo asociativo ha de ser duradero y no puramente transitorio.
- Una **finalidad** de las contempladas en el art. 515 del CP.

CUESTIÓN

¿Existe un número mínimo de miembros para considerar que un grupo es una asociación ilícita?

Sí, tres miembros. La doctrina ha definido la asociación ilícita o delincuencia organizada como *«(...) aquella que se realiza a través de un grupo o asociación criminal revestido de las características de carácter estructurado, permanente, antirrenovable, jerarquizado, dedicado a lucrarse con bienes y servicios ilegales o a efectuar hechos delictivos. El Derecho Penal español no contiene un concepto preciso de asociación ilícita, si bien el art. 282 bis 4 de la LECrim (...) decir que se considerará como delincuencia organizada la asociación de **tres o más personas**»* (STS n.º 745/2008, de 25 de noviembre, ECLI:ES:TS:2008:6627).

|| Elementos esenciales del tipo

La conducta típica consiste en constituir, participar, colaborar o pertenecer a una asociación que reúna alguno de los supuestos definidos en el propio precepto.

- Constitución: formar o fundar una asociación que tenga por objeto cualquiera de las siguientes finalidades ilícitas:
  - » Cometer delitos o promover su comisión (art. 515.1.º del CP).
  - » Emplear medios violentos o de alteración/control de la personalidad, aunque el fin original sea lícito (art. 515.2.º del CP).
  - » Organizarse con carácter paramilitar (art. 515.3.º del CP).
  - » Fomentar, promover o incitar al odio, hostilidad, discriminación o violencia por motivos ideológicos, religiosos, étnicos, sexuales, de género, exclusión social, enfermedad o discapacidad (art. 515.4.º del CP).
- Integración o pertenencia: formar parte, asociarse u ostentar la calidad de miembro de una entidad que corresponda a cualquiera de los supuestos anteriores, sea desempeñando funciones directivas o participando como miembro ordinario.
- Colaboración o apoyo: prestar cualquier tipo de apoyo material, logístico, económico u operativo que contribuya al funcionamiento de la asociación ilícita, con conocimiento de su finalidad.

A TENER EN CUENTA. La conducta típica no exige que se haya llevado a la práctica la finalidad perseguida por la asociación ilícita, siendo castigada la sola existencia y actuación en favor de dicha asociación. Por esta razón, con carácter general, el delito de asociación ilícita es autónomo respecto de los delitos para los que se constituye.

El sujeto activo es toda persona que, de manera individual o colectiva, toma parte en alguna de las conductas descritas por el artículo 515 del CP. En particular, pueden ostentar la condición de sujeto activo quienes:

- Constituyen o fundan la asociación ilícita (fundadores o promotores).
- Se integran, adhieren o forman parte como miembros de la asociación ilícita.

- Colaboran, prestan apoyo o favorecen de cualquier modo el funcionamiento o los fines ilícitos de la asociación.
- Ejercen funciones directivas, de gestión u organización dentro de la asociación.

El tipo es, por tanto, común, ya que puede ser cometido por cualquier persona, sin necesidad de concurrir una cualidad especial. Además, la jurisprudencia ha entendido que el grado de responsabilidad puede agravarse en función del papel desempeñado dentro de la asociación (por ejemplo, para dirigentes o impulsores).

El sujeto pasivo del delito de asociación ilícita es la sociedad en su conjunto, mientras que el **bien jurídico protegido** puede ser entendido como el derecho constitucional de asociación o, alternativamente, el orden público y la estabilidad institucional del Estado frente a organizaciones que persigan fines contrarios a los valores constitucionales. En este sentido, la **STS n.º 234/2001, de 3 de mayo, ECLI:ES:TS:2001:3587,** señala como *«(...) bien jurídico protegido el derecho de asociación como garantía constitucional, según un sector doctrinal, o según otro, el orden público y en particular la propia institución estatal, en hegemonía y poder, frente a cualquier organización que persiga fines contrarios y antitéticos a los de aquélla».*

El elemento subjetivo es el dolo, entendido como el conocimiento y la voluntad de perseguir alguno de los fines ilícitos mencionados en la norma: la comisión de delitos, la utilización de medios violentos o que alteran la personalidad, la organización paramilitar, o la promoción del odio y la discriminación. No cabe la responsabilidad penal sin la concurrencia de esta intencionalidad específica por parte de los que integran o constituyen la asociación.

El marco penológico del tipo básico se regula en el art. 517 del CP, que impone diferentes sanciones en función del cargo ostentado en la asociación ilícita. Así, distingue el grado de responsabilidad entre dirigentes y miembros activos de asociaciones ilícitas, siendo más severas las penas para los primeros:

- Para fundadores, directores y presidentes: prisión de 2 a 4 años, multa de 12 a 24 meses e inhabilitación especial para empleo o cargo público por 6 a 12 años.
- Para miembros activos: prisión de 1 a 3 años y multa de 12 a 24 meses.

Por su parte, el art. 520 del CP prevé la **disolución** de la asociación ilícita y, en su caso, cualquier otra de las **consecuencias accesorias** del art. 129 del CP.

Los arts. 518, 519 y 521 del CP establecen **penas diferentes en los siguientes supuestos**:

- El art. 518 del CP castiga con prisión de 1 a 3 años, multa de 12 a 24 meses, e inhabilitación para empleo o cargo público de 1 a 4 años en caso de **cooperación** relevante, económica o de otra clase, que favorezca la fundación, organización o actividad de la asociación ilícita.
- El art. 519 del CP rebaja la pena en uno o dos grados a quien simplemente **provocare**, conspirare o propusiere cometer:
  » el tipo básico del art. 515, o
  » la modalidad de cooperación prevista en el art. 518 del CP.

- El art. 521 del CP dispone que, cuando el delito sea cometido por una **autoridad**, agente de esta o funcionario público, se añadirá a las penas señaladas la de inhabilitación absoluta de 10 a 15 años.

CUESTIÓN

¿Cuándo se consuma el delito de asociación ilícita?, ¿es un tipo penal «de resultado» o «de mera actividad»?

El delito regulado en el art. 515 del CP se entiende consumado en el momento en que se constituye la asociación, sin necesidad de lleguen a cometerse los delitos que representan su finalidad. Se considera, por tanto, un delito de mera actividad. De acuerdo con la **STS n.º 421/2003, 10 de abril, ECLI:ES:TS:2003:2539**, *«(...) una cosa es el bien jurídico que protege el tipo de asociación ilícita y otra el que se protege en la posterior acción delictiva que se cometa, de forma que el delito de asociación ilícita tiene sustantividad propia basada en un bien jurídico singular, como lo demuestra el hecho que la asociación es anterior a la puesta en peligro de los bienes jurídicos de la acción delictiva subsiguiente,* **consumándose desde que se busca una finalidad ya inicialmente delictiva».**

A TENER EN CUENTA. Tal como sostiene el Tribunal Supremo a propósito del ordinal 1.º del art. 515 del CP —asociación ilícita para delinquir— *«(...) en el ámbito de la doctrina, un sector ha destacado como características propias de la naturaleza del tipo penal el tratarse de un delito de preparación y de peligro abstracto, en cuanto que se criminalizan conductas previas a las que constituyen el Derecho penal nuclear, por lo que el delito cumple fundamentalmente funciones de prevención general, y podría alcanzar hasta las fases previas a la preparación de un delito, esto es, hasta lo que podría estimarse la pre-preparación delictiva. Y no sólo en el ámbito material o sustantivo, sino también en el procesal, pues permite iniciar las investigaciones penales con anterioridad a que se hayan constatado indicios de la comisión de un delito concreto».* (SAP de Madrid n.º 117/2013, de 13 de noviembre, ECLI:ES:APM:2013:19324).

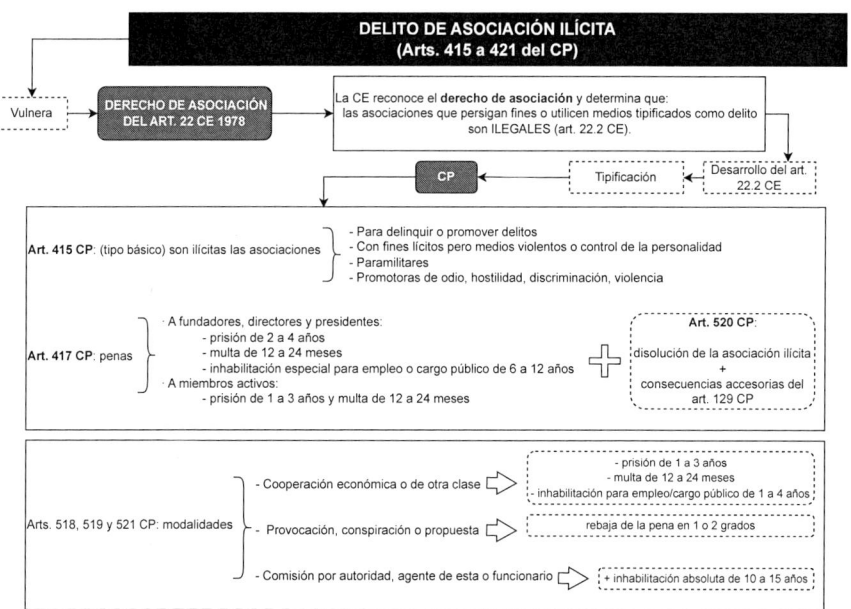

La asociación ilícita como medio para cometer delitos de corrupción

Entre los diferentes tipos de asociaciones ilícitas, el ordinal 1.º del artículo 515 del CP contempla las asociaciones que tienen por objeto cometer algún delito o promover su comisión una vez constituidas. La ya citada **STS n.º 745/2008, de 25 de noviembre, ECLI:ES:TS:2008:6627**, indica que, en el caso del artículo 515.1.º del CP, la **finalidad** de la asociación «*(...) ha de ser la comisión de delitos, lo que supone una cierta determinación de la ilícita actividad, sin llegar a la precisión total de cada acción individual en tiempo y lugar*».

En la práctica, es frecuente que estas estructuras se construyan para la comisión de delitos de corrupción, como el cohecho, la prevaricación, la malversación, el blanqueo de capitales, etc. Así, cuando un grupo de **tres o más personas** se asocia específicamente con la finalidad de planificar, facilitar o ejecutar **acciones corruptas**, puede considerarse que están constituyendo una asociación ilícita en los términos del art. 515.1.º del CP.

> **CUESTIÓN**
>
> **¿Cómo se aplican las penas cuando el delito de corrupción se ha cometido a través de una asociación ilícita?**
>
> Los responsables serán penados de forma independiente, tanto por los delitos de corrupción cometidos como por su pertenencia a la asociación ilícita, debido al carácter de **delito autónomo** de esta figura. Como aclara la citada **STS n.º 745/2008, de 25 de noviembre, ECLI:ES:TS:2008:6627**, no cabe confundir las asociaciones ilícitas para delinquir con los delitos cometidos por estas, ni interpretarse la pluralidad de sujetos como un caso de codelincuencia o coparticipación en los delitos de ulterior comisión. En línea con lo anterior, señala que el delito de asociación ilícita se consuma «*(...) desde que se busca una finalidad ya inicialmente delictiva (STS. 28.10.97)*».

A continuación, se analizan diferentes casos reales de asociaciones ilícitas dedicadas a la comisión de delitos de corrupción.

En la **STS n.º 1008/2022, de 9 de enero de 2023, ECLI:ES:TS:2023:1**, la Sala desestima la pretensión de tres de los recurrentes que esgrimían que los hechos probados no podían subsumirse en los artículos 515.1 y 517.1 del CP, dada la falta de finalidad delictiva de la asociación —alegación de actividad mercantil o lícita de las sociedades— o la ausencia de una estructura compleja. Para los reclamantes no concurrían todos los elementos que conforman el tipo penal de la asociación ilícita en los términos interpretados por doctrina y jurisprudencia, y ninguna circunstancia permitía inferir «*la existencia de una estructura compleja y jerarquizada, independiente y autónoma respecto a sus miembros, donde la finalidad de cometer delitos sea perseguida por la propia asociación y no por sus miembros*».

Sin embargo, el Supremo consideró acreditada la existencia del **acuerdo estable y organizado** entre los tres sujetos, **tendente a obtener irregularmente a través de distintas mercantiles adjudicaciones y comisiones derivadas de contratos y negocios con la Administración pública**.

> «(...) la prueba indica la existencia del acuerdo que tenía Jesús, Eugenio y Geronimo de desarrollar en conjunto una **actividad ilegal de manera fre-**

cuente y continua. Se infiere que los acusados Jesús, Eugenio y Geronimo, compartían partido político y responsabilidades en su Comité Ejecutivo de Álava, habiendo constituido todos ellos la sociedad Kataia Consulting SL y las sociedades Errexal SL y Ortzi Muga SL. Con los elementos de prueba que también sintetizamos en ese fundamento, el Tribunal concluye que **las entidades se crearon ocultando la participación de estos acusados bajo la identidad de otras personas**. Y se expresa, además, en los términos ya indicados, que **estas empresas se instrumentalizaron por los acusados para solicitar que determinadas instituciones públicas regidas por compañeros de partido adjudicaran una serie de contratos a sus empresas**, los cuales facturaron y cobraron incluso en diversos supuestos en los que los trabajos no se ejecutaron. También, en los términos que se han visto, **instrumentalizaron las sociedades para impulsar la adjudicación de contratos a favor de otros empresarios a los que cobraban una comisión** por su intervención como conseguidores.

Estos elementos, observados desde la perspectiva de que las sociedades las constituyeron previamente y bajo titularidad clandestina, así como que **carecían de infraestructura para cualquier otra actuación en el mercado** y que desplegaron su actividad ilícita durante el largo tiempo en el que se desarrollaron los hechos, sostiene la conclusión de que los acusados se concertaron para la actividad que se enjuicia y con voluntad de persistir en su actuación criminal».

La postura del Alto Tribunal frente a estos tres recurrentes es clara y rotunda: se dan todos los elementos del delito de asociación ilícita, lo que avala la condena, tanto para los fundadores/directores como para cooperadores económicos y personales relevantes, conforme a los artículos 515, 517 y 518 del CP, en función del nivel de implicación probado en cada caso. Queda así confirmada la aplicación y la interpretación amplia, aunque exigente, del concepto penal de asociación ilícita en contextos de corrupción administrativa compleja y organizada.

No obstante lo anterior, la sentencia absuelve a otro de los recurrentes del delito de asociación ilícita del artículo 515.1.º del CP, en relación con el artículo 517.2.º del CP, por el que se le había condenado en instancia. Este acusado esgrimió infracción de ley del artículo 849.1 de la LECRIM, por entender que se habían infringido los artículos 515, 517.2.º y 518 del CP, y la Sala estimó su motivo, razonando lo siguiente:

«Ya hemos expresado que la pertenencia activa a una asociación ilícita del artículo 517.2 del Código Penal, precisa de una integración en la misma y de la prestación de cualquier servicio que resulte significativo para los fines de la asociación. En la sentencia impugnada, lo que el relato de hechos probados describe es que Primitivo recurrió a los acusados para que impulsaran su pretensión de adjudicarse los contratos que iban a ser suscritos por los Ayuntamientos de Lapuebla de Labarca y Zigoitia, recompensando su ayuda con el pago de una comisión. La reclamación de ese apoyo, pudiendo inducir (o incluso suponer una participación en la actuación ilícita que se derive cuando va acompañada de otros comportamientos), en modo alguno comporta integrarse en la asociación. **Una cosa es**

> que la asociación ilícita coopere a la comisión de ciertos delitos perseguidos o ejecutados por un tercero y otra, bien distinta, es que por esa colaboración el tercero pase a integrar la agrupación, menos aún con el carácter estable que el tipo penal reclama. En el presente supuesto, el concierto del acusado con la asociación ilícita ha justificado su responsabilidad como inductor de un delito de tráfico de influencias, pero no comporta que pueda ser considerado miembro activo de la asociación ilícita».

Para el Alto Tribunal, el recurrente cometió un delito de tráfico de influencias con ayuda puntual de la asociación ilícita, sin pertenecer a la misma. Sin perjuicio de su absolución por el tipo del art. 515 del CP y del delito de cohecho, el fallo le condena como responsable de tráfico de influencias.

La STS n.º 507/2020, de 14 de octubre, ECLI:ES:TS:2020:3191, dictada en relación con la famosa «trama Gürtel», examina en casación la condena dictada por la Audiencia Nacional en la llamada «Pieza Época I» del caso, centrando parte de su pronunciamiento en la existencia de una estructura criminal utilizada para apropiarse ilícitamente de fondos públicos a través de la manipulación de contratos con Administraciones públicas controladas por el Partido Popular.

En lo que respecta específicamente al delito de asociación ilícita del art. 515.1.º del CP, el Tribunal Supremo analiza la existencia y la participación de diversos acusados en el entramado societario y organizativo conocido como «Grupo Correa», que habría operado como empresa criminal conjunta, con una estructura jerarquizada y persistente, dirigida a delinquir de manera continuada.

Tras analizar los requisitos jurisprudenciales y doctrinales que permiten apreciar la existencia de asociación ilícita, la Sala enfatiza que la declaración de pertenencia a la asociación ilícita requiere prueba bastante no solo de la existencia de la organización, sino de la efectiva integración del acusado en la misma bajo el conocimiento y voluntad de participar en su actividad criminal (no bastando la cooperación objetiva, sino la adhesión voluntaria al plan criminal). En consecuencia, reconoce la existencia en la asociación de cargos y empleados, recalcando que la autoría requiere una integración activa y voluntaria en el aparato organizativo y rechazando la condena por tal delito de quienes solo fueron cooperadores accesorios, sin adhesión consciente al plan criminal.

Asimismo, se estima el recurso respecto a la existencia de «cosa juzgada» para quienes ya habían sido condenados por hechos sustancialmente idénticos en la **STSJ de la Comunidad Valenciana n.º 2/2017, de 8 de febrero, ECLI:ES:TSJCV:2017:1** (caso FITUR), declarando la absolución por ese motivo.

La **STS n.º 1033/2024, de 14 de noviembre, ECLI:ES:TS:2024:5577**, aborda la responsabilidad penal de diversos acusados en el marco de una trama relacionada con delitos fiscales, apropiación indebida y falsedades documentales, principalmente en torno a la gestión de una «**caja B**» por parte del Partido Popular y pagos irregulares a la empresa UNIFICA SERVICIOS INTEGRALES S.L., así como la ocultación de ingresos y la manipulación de documentación contable y fiscal entre los años 2006 y 2008. Dentro del procedimiento, la acusación popular solicitó, entre otros pronunciamientos condenatorios, la aplicación del delito de asociación ilícita (arts. 515.1.º y 517.1 del CP) a determinados acusados.

El análisis del Tribunal Supremo sobre la eventual responsabilidad de los acusados por asociación ilícita parte del examen de los elementos definitorios de dicho tipo penal, que exige la existencia de una organización establecida con la finalidad de cometer una pluralidad de delitos o que, tras su constitución, promueva la comisión de delitos.

El Tribunal destaca que el motivo planteado por la acusación popular debe ser juzgado atendiendo estrictamente al *factum* (relato de hechos probados) contenido en la sentencia de instancia. En este sentido, y siguiendo la jurisprudencia, subraya que:

- Para la configuración del delito de asociación ilícita es necesario que la asociación tenga como propósito la comisión de delitos, o bien que, tras haberse constituido, impulse la comisión de los mismos.

- En tanto la acusación popular basa su alegato en la estructura de una supuesta trama de donaciones finalistas destinada a financiar irregularmente al Partido Popular, la sentencia observa que estos hechos son objeto de sobreseimiento, instrucción separada o han sido objeto de absolución en este proceso. El principio acusatorio impide enjuiciar a personas no acusadas formalmente o en relación con hechos fuera del objeto del procedimiento.

- El relato de hechos probados no permite deducir la existencia de una asociación cuyo objeto fuese la comisión de delitos. Si bien concurrieron irregularidades contables y fiscales, no se describe una estructura de asociación destinada, en sí misma, a delinquir, más allá de la posible codelincuencia por acciones concretas.

Se señala que, incluso en caso de haberse acreditado irregularidades organizativas o contables constitutivas de delito, esto no llevaría necesariamente a la condena por asociación ilícita, dado que el tipo exige una finalidad y concertación específica para delinquir y no la mera existencia de una organización donde se cometan delitos.

Se constata además que los acusados a quienes se pretendía atribuir la condición de integrantes de asociación ilícita no pueden ser condenados por dicha infracción atendiendo al relato fáctico, ya que ni la supuesta financiación irregular era delito en el periodo temporal contemplado, ni se acredita que el concierto entre los partícipes tuviera como finalidad la comisión de delitos, sino que fue limitado a actuaciones puntuales (principalmente los delitos fiscales ya enjuiciados). Además, los administradores de UNIFICA, acusados de delitos fiscales, no han sido acusados ni se describe participación alguna que justifique su inclusión en una supuesta estructura delictiva mayor.

> «(...) se considera que se ha efectuado un relato ad hoc para acomodarlo a las calificaciones jurídicas definitivas subsistentes, es decir, asociación ilícita para cometer delitos fiscales, que carece de sustento fáctico alguno, al no describirse cuál era la actividad delictiva a cuyo fin se constituyó

la asociación, dado que la supuesta financiación irregular no era delito en dicho período temporal (se introdujo como delito con la reforma del CP por LO 1/2015, de 30 de marzo, arts. 304 bis y ter), con independencia de que después en su seno se cometan uno o varios delitos, no siendo los delitos fiscales el objeto de la asociación porque los que aquí han sido objeto de acusación se cometieron por UNIFICA no por el PP y están relacionados con el pago de las obras de la sede"».

El Tribunal Supremo desestima la aplicación de la asociación ilícita a los imputados, confirmando la absolución dictada en la instancia sobre esta calificación jurídica. Los hechos descritos y acreditados —así como la concreta intervención de los acusados en las actuaciones— no permiten subsumir la conducta en el art. 515.1.º del CP, por ausencia del elemento esencial de organización destinada a delinquir.

En consecuencia, no se declara responsabilidad penal por asociación ilícita a ninguno de los acusados ni se aprecia la concurrencia de este tipo penal en los hechos juzgados, confirmando la inexistencia del presupuesto objetivo esencial: la existencia de una agrupación estable cuya finalidad consiste en la perpetuación de actividades delictivas.

12.2. Delitos de organización criminal

La tipificación de la criminalidad organizada

La **criminalidad organizada** ha adquirido un protagonismo creciente en el derecho penal español, reflejando la necesidad de sancionar no solo el comportamiento individual delictivo, sino también la estructura que lo facilita. Así pues, nuestro legislador introdujo en 2010 y reformó en 2015 los artículos 570 bis y 570 ter del Código Penal, para tipificar las organizaciones y grupos criminales, así como sus consecuencias jurídicas. Estas disposiciones permiten castigar con mayor rigor a quienes integran estructuras estables o temporales orientadas a la comisión de delitos, incorporando criterios de peligrosidad y sofisticación que trascienden la mera responsabilidad individual.

> **JURISPRUDENCIA**
>
> **Sentencia del Tribunal Supremo n.º 216/2025, de 6 de marzo, ECLI:ES:TS:2025:978**
>
> *«(...) no puede conceptuarse como organización o grupo criminal la ideación de funciones entre varios partícipes para la comisión de un solo delito, por lo que ha de valorarse en cada caso la finalidad del grupo u organización. La inclusión en el Código Penal de los arts. 570 bis y ter, confirma esta determinación del Legislador, pues los tipos legales definen las organizaciones y grupos criminales como potenciales agentes de plurales delitos, y no solamente de uno.*
>
> *A estos efectos ha de entenderse que cuando el grupo u organización tenga por objeto la realización concretada de un actividad de tráfico de drogas integrada por una pluralidad de acciones de tráfico, aun cuando en estos delitos el conjunto de la actividad de tráfico pueda sancionarse como un delito único, por su naturaleza de tipos con conceptos globales (expresiones que abarcan tanto una sola acción*

prohibida como varias del mismo tenor, de modo que con una sola de ellas ya queda consumado el delito y su repetición no implica otro delito a añadir, STS 487/2014, de 9 de junio), sin embargo a los efectos de la tipificación del grupo u organización el tráfico reiterado de drogas debe considerarse como una actividad delictiva plural».

Regulación de la organización criminal

|| Conducta típica de la organización criminal

El artículo 570 bis del Código Penal tipifica las **organizaciones criminales**, distinguiendo dos **niveles de intervención**:

1. **Promotores, organizadores, coordinadores o directores.** Si su objeto es cometer delitos graves, estos sujetos serán castigados con la **pena** de prisión de 4 a 8 años, y con la pena de prisión de 3 a 6 años en el resto de los casos.

2. **Miembros, participantes o cooperadores**. Si su objeto es cometer delitos graves, estos sujetos serán castigados con la **pena** de prisión de 2 a 5 años, y con la pena de prisión de 1 a 3 años en el resto de los casos.

Estas conductas incluyen cualquier tipo de participación activa o cooperativa, ya sea económica, logística, instrumental…, orientada a facilitar la actividad delictiva de la organización. A este respecto, cabe destacar el extracto de la sentencia del Tribunal Supremo n.º 746/2022, de 21 de julio, ECLI:ES:TS:2022:3103, en el que se señala que «*(...) el nuevo artículo 570 bis 1 del C. Penal **equipara punitivamente a quienes participan activamente en la organización con los que forman parte de ella** o cooperan económicamente o de cualquier otro modo*».

|| Concepto de organización criminal

El propio Código Penal define como organización criminal a aquella **agrupación de más de dos personas** con:

1. **Carácter estable** o indefinido, es decir, con continuidad temporal.

2. **Reparto concertado de tareas**, aunque no sea estrictamente jerárquica. No bastará con que varias personas se repartan funciones para cometer delitos, ya que esta situación puede ser típica de coautoría o incluso de un simple grupo criminal. Es necesario que ese reparto de tareas sea **estable, consistente y estructurado, con una cierta rigidez funcional y temporal** (STS n.º 216/2025, de 6 de marzo, ECLI:ES:TS:2025:978).

3. **Finalidad de cometer delitos** de forma reiterada.

Estos elementos son esenciales para poder diferenciar esta figura de otras formas de colaboración delictiva menos estructuradas. Tal y como expresa la sentencia del Tribunal Supremo n.º 315/2017, de 3 de mayo, ECLI:ES:TS:2017:1666: «*La característica de la organización criminal es la actuación dentro de una estructura caracterizada por un actuar de decisiones y diversos niveles de ejecución. La organización no depende del número de personas, a salvo del mínimo exigido en el tipo penal, sino que lo decisivo es que el plan delictivo permanece más allá de las personas individuales lo que nos lleva a la existencia de una empresa criminal».*

> **CUESTIÓN**
>
> **¿Cómo se diferencia la organización criminal de la codelincuencia?**
>
> La sentencia del Tribunal Supremo n.º 835/2023, de 15 de noviembre, ECLI:ES:TS:2023:4880 y las allí citadas, expresan la diferencia en tanto en cuanto la codelincuencia se da cuando dos personas (o más de dos si se han unido de forma fortuita), se agrupan exclusivamente para cometer un solo delito inmediato. En cambio, conforme a la Convención de Parlamento y la interpretación del Tribunal Supremo, tanto el grupo criminal como la organización criminal se caracterizan por no formarse de manera ocasional, sino por estar predeterminados para cometer una pluralidad de delito.
>
> Por tanto, **si la agrupación de personas se crea solo para un delito concreto, no procede aplicar los tipos de grupo ni de organización criminal**, aunque exista reparto de funciones. El elemento decisivo para diferenciar codelincuencia, grupo y organización es la finalidad delictiva continuada o plural, exigida expresamente por los artículos 570 bis y ter del CP.

|| Agravaciones específicas de la organización criminal

El apartado 2 del artículo 570 bis del Código Penal establece tres tipos de circunstancias específicas **agravantes**, por las cuales se impondrá la **pena** en su **mitad superior**:

1. **Elevado número de personas**.
2. Disponer de **armas o instrumentos peligrosos**.
3. Disponer de **medios tecnológicos avanzados**.

En el caso de que concurran dos o más de las circunstancias mencionadas, se impondrá la pena superior en grado.

A mayores, el apartado 3 del artículo 570 bis del CP establece que las penas se impondrán en su mitad superior si se cometieron delitos contra la vida o la integridad física de las personas, la libertad, la libertad e indemnidad sexual o la trata de seres humanos.

> **A TENER EN CUENTA**. El subtipo agravado de organización previsto en el artículo 369 bis del Código Penal plantea problemas concursales con la regulación general del delito de organización criminal del artículo 570 bis del Código Penal. Esto se debe a la posible coincidencia entre, por un lado, el subtipo agravado específico en materia de delitos contra la salud pública y, por otro lado, el concurso entre el delito base (artículo 368 y 369 del CP) y el delito autónomo de organización criminal, que conlleva relevantes agravaciones penales. La jurisprudencia del Tribunal Supremo ha calificado esta situación como un concurso de normas, que debe resolverse conforme al artículo 570 quáter del CP y al criterio del apartado 4 del artículo 8 del CP, aplicando el precepto que prevea la pena más grave (STS n.º 149/2017, de 9 de marzo, ECLI:ES:TS:2017:847 y STS n.º 132/2019, de 12 de marzo, ECLI:ES:TS:2019:1511, entre otras).

Regulación del grupo criminal

‖ Conducta típica del grupo criminal

El **grupo criminal** viene tipificado en el artículo 570 ter del Código Penal y sanciona a quienes **constituyan, financien o integren** un grupo criminal. Las **penas** no diferencian entre dirigentes y participantes, sino que se impone en función de la gravedad de los delitos perseguidos:

- Delitos del apartado 3 del artículo anterior:
  - » Uno o más delitos graves: pena de prisión de 2 a 4 años.
  - » Delitos menos graves: pena de prisión de 1 a 3 años.
- Resto de delitos graves: pena de prisión de 6 meses a 2 años.
- Resto de delitos menos graves o perpetración reiterada de delitos leves: pena de prisión de 3 meses a 1 año.

‖ Concepto de grupo criminal

El propio articulado del texto legal define a los grupos criminales como aquellas **uniones de más de dos personas, orientada a la comisión concentrada de delitos**. Así lo establece expresamente la STS n.º 1011/2024, de 13 de noviembre, ECLI:ES:TS:2024:5681:

> «El grupo criminal sólo requiere de dos elementos:
> a.- Pluralidad subjetiva: unión de más de dos personas.
> b.- Finalidad criminal: pues debe tener por finalidad u objeto la perpetración concertada de delitos.
> El grupo deberá presentar una cierta estabilidad, aunque sea menor de la exigida para la organización criminal, lo que permitiría apreciar su existencia aun cuando su formación tenga por objeto la comisión de un solo delito, siempre esté presente una cierta complejidad y una exigencia de mantenimiento temporal relevante, que vendría a permitir nuevos delitos similares.»

A diferencia de la organización criminal, no se requiere permanencia ni reparto de funciones, siendo suficiente una colaboración temporal y la concentración puntual de actos delictivos. Por tanto, se persiguen en este tipo penal alianzas menos estables o formales, donde la coordinación delictiva se produce sin una estructura jerárquica clara ni estabilidad temporal prolongada en el tiempo.

CUESTIONES

1. ¿Es necesario para apreciar grupo criminal que los integrantes mantengan un contacto directo entre ellos y participen en todos los delitos cometidos?

No, no es necesario, tal y como establece en la doctrina jurisprudencial recogida en el auto del Tribunal Supremo n.º 4229/2024, de 19 de diciembre, ECLI:ES:TS:2024:15555A, se especifica expresamente que el artículo 570 ter del Código Penal no exige como elemento objetivo ni el contacto personal entre los integrantes del grupo, ni la necesaria presencia de todos y cada uno de ellos en todos los delitos cometidos: *«El precepto no incluye como elemento del tipo objetivo ni el contacto personal entre los integrantes del grupo, ni la necesaria presencia de todos y cada uno de los integrantes del grupo en todas y cada una de las infracciones que al mismo se atribuyan»* (STS n.º 822/2022, de 18 de octubre, ECLI:ES:TS:2022:3726, citada por la resolución).

Lo relevante es la existencia de una unión, acuerdo o concierto entre más de dos personas para la reiterada comisión de delitos, aun cuando la participación concreta en cada acto delictivo o el contacto directo entre los distintos miembros pueda variar o no darse por completo. Esta interpretación responde tanto a la literalidad de la norma como a la función de política criminal de prevenir agrupaciones para delinquir, facilitando la persecución de conductas destinadas a la delincuencia reiterada, aunque la organización o el grupo sean de estructura laxa.

Así pues, basta por la integración y la finalidad común de cometer delitos, sin exigir un contacto personal directo o la participación universal y conjunta de todos los hechos ilícitos.

2. ¿Cómo se diferencia de la codelincuencia?

«La codelincuencia viene a ser un simple consorcio ocasional para la comisión de un delito en tanto que la organización y el grupo criminal constituyen un aliud en el que no concurre una mera ocasionalidad, sino la finalidad de realización concreta de una pluralidad de delitos (véase S.T.S. 67/2016, de 5 de julio)» (STS n.º 4/2023, de 18 de enero, ECLI:ES:TS:2023:194).

‖ Agravaciones específicas del grupo criminal

Las circunstancias agravantes son idénticas a las del apartado anterior, aplicándose la pena en su mitad superior si el grupo criminal cuenta con:

- Elevado número de personas.
- Disponibilidad de armas o instrumentos peligrosos.
- Disponibilidad de medios tecnológicos avanzados.

Si concurren dos o más circunstancias agravantes, la pena se impondrá al grado superior, reflejando así la mayor peligrosidad del grupo, incluso en ausencia de estabilidad formal.

Consecuencias adicionales a las organizaciones y grupos criminales

Finalmente, el artículo 570 quáter del Código Penal, **medidas complementarias** especialmente relevantes. Estas son:

1. **Disolución** de la organización o grupo criminal, con aplicación de las medidas previstas en el apartado 7 del artículo 33 del Código Penal y el artículo 129 del Código Penal (clausura, suspensión de actividades, prohibición de contratar, intervención judicial...).

2. **Inhabilitación especial** adicional de 6 a 20 años para actividades económicas o negocios relacionados con la actuación del grupo, proporcional a la gravedad y número de delitos cometidos.

3. **Aplicación extraterritorial**, permitiendo sancionar actos delictivos relevantes cometidos en España, aunque la organización o grupo esté radicado en el extranjero.

4. **Atenuación** de la pena en uno o dos grados, por colaboración eficaz o abandono voluntario de la actividad criminal, cuando el responsable aporte información decisiva para desmantelar la estructura o evitar la comisión de delitos.

Estas medidas permiten no solo sancionar al sujeto individual, sino desmantelar la estructura criminal, así como prevenir la continuidad delictiva.

DIFERENCIAS ORGANIZACIÓN Y GRUPO CRIMINAL		
	ORGANIZACIÓN CRIMINAL	GRUPO CRIMINAL
Permanente	✓	✗
Estructura	✓	✗
Reiteración	Delitos múltiples o reiterados	Delitos puntuales o reiterados
Finalidad	Delincuencia organizada y sostenida	Comisión concreta de delitos

JURISPRUDENCIA

Sentencia del Tribunal Supremo n.º 242/2025, de 14 de marzo, ECLI:ES:TS:2025:1057

«*Organización criminal y grupo criminal precisan la unión o agrupación de más de dos personas y la finalidad de cometer delitos, pero mientras que la organización criminal requiere, además el carácter estable o su constitución o funcionamiento por tiempo indefinido, y que de manera concentrada y coordinada se repartan las tareas o funciones entre sus miembros con aquella finalidad, el grupo criminal puede apreciarse aunque no concurra ninguno de estos dos requisitos, o cuando concurra solo uno de ellos.*

En el grupo no se exige pues, frente a la organización criminal, estabilidad temporal y reparto de funciones, de ahí que la Jurisprudencia de la Sala de lo Penal haya entendido que el grupo operará de manera residual. **La organización criminal es la "hermana mayor del grupo criminal"**»

Sentencia del Tribunal Supremo n.º 493/2024, de 30 de mayo, ECLI:ES:TS:2024:3236

«*Por ello la inclusión de determinadas conductas en el grupo criminal, prescindiendo de la figura de la organización criminal, tanto en relación a los artículos 570 bis y siguientes, como, concretamente, respecto del subtipo agravado de pertenencia a una organización criminal, pues es la* **conjunción de la estabilidad temporal y**

> la complejidad estructural lo que justifica una mayor sanción en atención al importante crecimiento en la capacidad de lesión del autor de la conducta, *en tanto que las facilita afrontar operaciones de mayor nivel en cuanto a la cantidad de droga o al ámbito territorial en el que se desarrollan. (STS. 1035/2013). Por su parte el grupo criminal puede permanecer estable cierto tiempo en función del tipo de infracción criminal a que oriente su actividad delictiva (para la comisión de uno o varios delitos o la comisión reiterada de faltas), pero carece de una estructura organizativa perfectamente (STS. 950/2013)».*

Las organizaciones y grupos criminales en el ámbito de la corrupción

La experiencia judicial española en los últimos años (especialmente en «macrocausas» de corrupción vinculadas a contratación pública, urbanismo, subvenciones, blanqueo o financiación ilegal) ha evidenciado que muchas prácticas corruptas se producen en el seno de estructuras estables, integradas por funcionarios, cargos públicos, empresarios e intermediarios que actúan de forma concertada.

Aunque la organización y grupo criminal no están diseñadas específicamente para la corrupción, su aplicación a este fenómeno es central en este ámbito, para **combatir la corrupción sistemática o estructural**.

Estos tipos penales permiten sancionar estructuras que convierten la corrupción en un patrón continuado, profesionalizado y organizado. De esta forma, no solo se castiga el acto individual (malversación, cohecho, tráfico de influencias...), sino también la red que lo facilita y multiplica.

En el ámbito de la corrupción, las **organizaciones criminales** pueden adoptar formas como las «tramas» empresariales, los cárteles político-empresariales o las redes administrativas en departamentos concretos como urbanismo o contratación pública, por ejemplo. Además, los **grupos criminales** son también útiles para realizar pactos corruptos no estructurados como acuerdos puntuales para amañar contratos, alianzas para favorecer adjudicaciones, pactos para agilizar expedientes irregularmente...

En relación con las circunstancias **agravantes**, son especialmente recurrentes la de elevado número de personas en las «macrotramas» de corrupción, ya que la red incluye funcionarios, asesores, técnicos, interventores...; igualmente, la agravante de disponer de medios tecnológicos avanzados es típica en el ámbito de la corrupción, ya que pueden usarse, por ejemplo, sistemas de ocultación documental, comunicaciones cifradas, software financiero para fragmentar pagos o justificar gastos ficticios, etc.

A mayores, en relación con las **medidas adicionales**, la prohibición de contratar es especialmente relevante para empresas que actúan como núcleos de la trama. Igualmente, la inhabilitación especial sobre actividades económicas o negocios relacionados con la trama permite expulsar del mercado público a quienes integraron redes corruptas organizadas. Por último, la aplicación extraterritorial permite perseguir organizaciones y grupos que actúen parcialmente en España (sociedades *offshore*, comisionistas extranjeros, empresas en paraísos fiscales...).

La posibilidad de **atenuar** la pena en uno o dos grados es también relevante, ya que permite que en macrocausas de corrupción los miembros periféricos aporten información decisiva y relevante para el enjuiciamiento.

En conclusión, los artículos de las organizaciones y grupos criminales representan un avance significativo en la persecución de la corrupción como fenómeno estructural y organizado, ya que permiten castigar la pertenencia a redes corruptas, sancionar la estructura que sostiene el delito, intensificar las penas cuando existe profesionalización o sofisticación, disolver las tramas y expulsar del mercado público.

Sin estas figuras, muchos casos de corrupción sistemática no podrían ser abordados eficazmente, pues la acción penal quedaría limitada a hechos aislados y no a la trama criminal en su conjunto.

ANEXO I.
CASOS PRÁCTICOS

Caso práctico | ¿Constituye cohecho hacer un regalo a una autoridad pública si existe relación de amistad?

PLANTEAMIENTO

¿Puede considerarse delito de cohecho el regalo de una prenda de ropa de marca a una alcaldesa con la que existe relación de amistad?

RESPUESTA

Sí, un regalo de cierto valor a una autoridad pública, aun existiendo relación de amistad, puede ser considerado delito de cohecho si se acredita que la dádiva fue entregada en consideración al cargo o función pública que desempeña el destinatario.

La sentencia del Tribunal Supremo n.º 344/2024, de 25 de abril, ECLI:ES:TS:2024:2274, examina un caso en el que un empresario regaló una chaqueta de la marca Carolina Herrera a la alcaldesa de Alicante durante las fiestas navideñas, coincidiendo con su cumpleaños, existiendo además una relación de amistad y trato frecuente. La cuestión clave reside en determinar si el motivo del obsequio fue estrictamente personal (derivado de la amistad) o si predominó la consideración de cargo público.

El Tribunal Supremo entiende que, aunque existía una larga relación personal entre el autor del regalo y la alcaldesa, el hecho de que la prenda fuera de marca y considerada de valor excesivo (tal y como reconoció la propia receptora en una conversación telefónica), unido a la falta de reciprocidad en los obsequios y la inexistencia de antecedentes de regalos similares antes o después de que la persona ostente el cargo público, permite acreditar que la entrega se realizó en atención a la posición de autoridad de la alcaldesa y no exclusivamente por motivos de amistad.

Además, enfatiza el TS que **el nexo causal entre la dádiva y la función pública del receptor es lo determinante**, y exige una valoración objetiva sobre si, de no ostentar ese cargo público, el regalo igualmente se habría producido y con las mismas características. En este caso analizado no existió prueba de que la entrega de regalos fuera costumbre recíproca entre las familias ni de que hubieran existido regalos similares fuera del periodo en que la receptora era autoridad.

Así pues, el Tribunal confirma la condena por delito de cohecho impropio, considerando que el regalo fue realizado en consideración al cargo de alcaldesa.

Caso práctico | ¿Es delito de blanqueo transferir dinero que me ingresaron sin explicación?

PLANTEAMIENTO

¿Es suficiente con recibir y transferir dinero de origen desconocido para ser condenado por blanqueo de capitales imprudente?

RESPUESTA

No, no es suficiente la mera recepción y transferencia de dinero de origen desconocido para ser condenado por blanqueo de capitales imprudente si no concurren indicios en el relato fáctico de que el acusado conocía, o debía conocer inequívocamente por imprudencia grave, el origen delictivo del dinero.

La sentencia del Tribunal Supremo n.º 222/2024, de 7 de marzo, ECLI:ES:TS:2024:1335, resuelve un supuesto en el que una persona recibe en su cuenta bancaria una transferencia de 2.100€ de origen desconocido y, sin realizar comprobaciones adicionales, transfiere dicha cantidad a una tercera persona. Posteriormente, se descubre que el titular de la cuenta de origen no autorizó la operación. El TS expresa que en los hechos probados debe aparecer descrito que el acusado sabía o podía sospechar (por las circunstancias concurrentes) la ilicitud del origen de los fondos. En el caso enjuiciado, la imprudencia sancionada por el apartado 3 del artículo 301 del Código Penal exige que el acusado estuviera en condiciones sospechar fácilmente el origen ilícito del dinero, y que tal conducta negligente debe calificarse como «grave».

Sin embargo, el hecho de recibir una cantidad de dinero y tramitarla a otra cuenta, en ausencia de una explicación coherente, no basta para la condena si no se describen circunstancias que evidencien la naturaleza ilícita del dinero o una conducta imprudente grave, como exige el tipo penal. La ausencia de prueba sobre el ánimo de lucro y dolo, así como sobre datos relevantes para presumir la procedencia ilegal de los fondos o la comisión de un acto imprudente grave, hace imposible subsumir la conducta en el tipo penal del blanqueo, ni siquiera en la modalidad imprudente.

Caso práctico | ¿Puede haber malversación si se presta dinero público sin garantías?

PLANTEAMIENTO

¿Puede constituir delito de malversación conceder un préstamo público a una empresa sin viabilidad y sin garantías de devolución?

RESPUESTA

Sí, la concesión de un préstamo público a una empresa insolvente, sin garantías, sin cumplir los procedimientos exigidos y sin posibilidad real de devolución, puede ser constitutiva de un delito de malversación de caudales públicos, aunque formalmente adopte la apariencia de un préstamo.

La sentencia del Tribunal Supremo n.º 882/2024, de 22 de octubre, ECLI:ES:TS:2024:5335, resuelve un supuesto en el que el presidente y consejero delegado de una empresa pública, encargada de fomentar el desarrollo económico a través de la concesión de préstamos participativos a empresas privadas, acuerda la concesión de un préstamo de 300.000€ a favor de una sociedad mercantil que atraviese una situación de quiebra técnica. La concesión se realiza sin que exista un plan de negocio, sin análisis de la inversión y sin garantizar el seguimiento ni la recuperación efectiva de los fondos. Además, una vez concedido, parte del dinero es desviado a otras empresas para el pago de deudas y no se incluye el préstamo en la contabilidad de la mercantil beneficiaria. Resuelve el Tribunal que estos actos se ajustan al tipo penal de malversación, al disponer el funcionario público de fondos públicos como si fuesen propios, para destinarlos de forma arbitraria y definitiva a fines ajenos al interés general y sin expectativa realista de reintegro, lo que supone un perjuicio para el erario público. El hecho de que esas transferencias se disimularan bajo la apariencia de préstamo no excluye la antijuridicidad, ya que lo relevante es el desvío de los fondos y la ausencia de ánimo de devolución.

La Sala precisa que el tipo penal no requiere enriquecimiento personal del autor, sino la disposición ilícita de fondos públicos causando una disminución en el patrimonio público. Cobrando especial relevancia el dato de insolvencia notoria de la empresa beneficiaria y la omisión de las mínimas garantías de control y recuperación del dinero público, la conducta analizada cumple todos los requisitos del artículo 432 del Código Penal, castigando tanto el ánimo de lucro propio como el ajeno, y la disposición definitiva de fondos.

Por tanto, la jurisprudencia avala que la formalización de un «préstamo» no es obstáculo para considerar delictiva la conducta, si el destino del dinero y las circunstancias acreditan materialmente una apropiación o disposición indebida de los caudales públicos.

Caso práctico | ¿Puede haber malversación sin beneficio personal?

PLANTEAMIENTO

¿Es necesario el enriquecimiento personal para apreciar malversación?

RESPUESTA

No, no es necesario conforme a la redacción del artículo 432 del CP tras la LO 14/2022, de 22 de diciembre, bastará con disponer de fondos públicos como si fueran propios y destinarlos a fines ilícitos, aunque el autor no obtenga una ganancia económica directa.

Tal y como se expone en el auto del Tribunal Supremo n.º 20386/2023, de 13 de junio, ECLI:ES:TS:2023:9278A, el delito de malversación equipara el ánimo de lucro al animus rem sibi habendi (intención de tener o disponer del bien como propio), no al ánimo de enriquecimiento. El Tribunal subraya que el ánimo de lucro, en el contexto penal y específicamente en la malversación, no exige beneficio económico personal o patrimonial: basta cualquier ventaja, utilidad o disposición definitiva de los bienes públicos al margen del interés y destino públicos legalmente establecidos.

De hecho, el auto recuerda que «*la introducción del elemento 'ánimo de lucro' en el nuevo tipo penal del art. 432 CP no supone una novedad respecto a la construcción jurisprudencial*» y que «*el tipo penal no requiere el enriquecimiento del autor, sino, en todo caso, la disminución ilícita de los caudales públicos o bienes asimilados a éstos*». Esta interpretación se refuerza con la jurisprudencia y la doctrina de la Fiscalía General del Estado, la cual afirma expresamente que «*el ánimo de lucro se apreciará en todos los casos en los que el sujeto activo obre con conciencia y voluntad de disponer de la cosa como si fuera propia, destinándola a unos fines ajenos a la función pública al objeto de conseguir una ventaja o beneficio propio o ajeno de cualquier tipo*».

Así pues, si un funcionario desvía fondos públicos a fines ilícitos, podrá apreciarse malversación, aunque no se enriquezca personalmente. Lo relevante es apartar esos bienes de su destino legal y apropiárselos en un sentido jurídico penal, aunque no exista un incremento patrimonial privado. Quedan excluidas, sin embargo, las conductas que sólo consisten en un cambio de destino legítimo o un uso temporal con voluntad de restitución (artículo 432 bis del CP y artículo 433 del CP).

Caso práctico | ¿Prevarica el alcalde que permite derribar para rehacer una fachada igual a la anterior?

PLANTEAMIENTO

¿Puede considerarse prevaricación conceder una licencia de derribo para reconstruir una fachada idéntica en un edificio protegido?

RESPUESTA

Esta conducta no constituye por sí solo delito, salvo que la infracción del ordenamiento sea burda y manifiesta.

El auto de la Audiencia Provincial de Cáceres n.º 349/2009, de 30 de julio, ECLI:ES:APCC:2009:484A, resuelve un supuesto en el que un ciudadano denuncia al alcalde de su localidad, alegando que éste informó favorablemente y la junta de gobierno concedió licencia para el derribo de tres edificios considerados protegidos conforme a la normativa urbanística local. Uno de ellos tenía la protección nivel II, la cual exige conservar fachadas y elementos definitorios, aunque permite retoques puntuales. El proyecto autorizado contemplaba el derribo de un edificio y su reconstrucción, dejando la nueva fachada con una apariencia idéntica a la original.

La AP resuelve que la decisión municipal no encaja en el tipo penal de prevaricación, ya que no se aprecia que la junta de gobierno actuase «a sabiendas» de su injusticia, requisito esencial del artículo 322 del Código Penal.

El auto enfatiza que, para que existiera prevaricación en estos casos, la ilegalidad debe ser «burda y palpable», lo que no ocurre cuando la decisión adopta una interpretación razonable de la normativa urbanística, especialmente cuando ésta permite incluso ciertos retoques puntuales en fachadas. En efecto, la reconstrucción de una fachada idéntica a la original, conforme a los criterios y límites establecidos en la norma y en presencia de informes técnicos y jurídicos que no pronuncian una infracción flagrante, no puede considerarse una resolución injusta en los términos exigidos por este tipo penal.

Así pues, en ausencia de controversia jurídica evidente y con respaldo técnico, esta conducta no es constitutiva de delito.

Caso práctico | ¿Es delito alterar un PGOM simulando una simple corrección de errores?

PLANTEAMIENTO

¿Es prevaricación urbanística la introducción de modificaciones ilícitas bajo la apariencia de corrección de errores?

RESPUESTA

Sí, la actuación descrita constituye un delito de prevaricación urbanística conforme a la doctrina sentada por la sentencia del Tribunal Supremo n.º 119/2022, de 10 de febrero, ECLI:ES:TS:2022:545.

En el supuesto resuelto por la sentencia, un técnico municipal es parte de un equipo directivo que, durante el proceso de adaptación del Plan General de Ordenación Municipal (PGOM), introduce de forma deliberada varias alteraciones en los planos y normativa urbanística bajo la justificación formal de subsanar errores técnicos requeridos por la Administración autonómica. Sin embargo, dichas modificaciones exceden el ámbito de la subsanación y suponen cambios sustanciales que no responden a decisiones del Pleno ni a lo exigido legalmente, beneficiando de manera concreta a ciertos propietarios o colectivos. Estas modificaciones son remitidas para su publicación oficial como si fueran las legalmente aprobadas.

Conforme a la sentencia, se considera prevaricación urbanística cuando los responsables públicos aprovechan la elaboración de documentos urbanísticos (en este caso, el PGOM) para introducir, de forma consciente y deliberada, modificaciones sustanciales que no han sido aprobadas por el órgano competente (Pleno del Ayuntamiento), ni están justificadas en los requerimientos técnicos de la administración superior. Estos actos, realizados bajo la apariencia de subsanaciones o correcciones, ocultan su verdadero carácter y finalidad, alterando la legalidad urbanística con ánimo de favorecer intereses particulares.

El Tribunal Supremo recalca que tales conductas exceden el ámbito de la gestión administrativa y constituyen auténticas resoluciones injustas dictadas a sabiendas de su ilegalidad, tipificadas en el artículo 320.1 del Código Penal. Especialmente relevante es el hecho de hurtar al Pleno (órgano competente) la posibilidad de conocer y aprobar los cambios, presentando el documento como legítimo cuando en realidad encubre alteraciones no autorizadas ni motivadas legalmente.

En definitiva, el aprovechamiento de la posición de dominio para alterar ilícitamente la normativa urbanística bajo la excusa de corregir errores, con el fin de beneficiar indebidamente a determinadas personas, se integra plenamente en el tipo penal de prevaricación urbanística, conforme a los hechos y fundamentos recogidos por el Tribunal Supremo en la referida sentencia.

Caso práctico | ¿Constituye tráfico de influencias que un alcalde pida prioridad para un proyecto urbanístico?

PLANTEAMIENTO

¿Es suficiente para condenar por tráfico de influencias que un alcalde contacte con autoridades de la comunidad autónoma para favorecer la aprobación de proyectos urbanísticos?

RESPUESTA

No, la mera actuación del alcalde consistente en realizar gestiones, peticiones o contactos para impulsar un expediente administrativo, por sí sola, no basta para integrar el delito de tráfico de influencias del artículo 428 del Código Penal.

La sentencia del Tribunal Supremo n.º 1002/2021, de 17 de diciembre, ECLI:ES:TS:2021:4939, resuelve un supuesto en el que un alcalde desea que se apruebe, de forma prioritaria, un plan urbanístico que reportaría importantes beneficios a empresas de su entorno familiar. Para ello, mantiene conversaciones telefónicas y encuentros personales con consejeros autonómicos y miembros relevantes de la comisión técnica competente, solicitando que el expediente se incluya cuanto antes en el orden del día y que su proyecto reciba un trato favorable. No hay constancia de presiones directas, ofrecimiento de contraprestaciones ni relación jerárquica directa entre el alcalde y dichas autoridades/autores de la resolución.

El Tribunal Supremo, tal y como expone en la sentencia, exige para aplicar el artículo 428 del Código Penal, que concurran los siguientes requisitos:

- Que exista una verdadera influencia, entendida como presión moral eficiente que altera el proceso motivado del funcionario público o autoridad destinatario de la iniciativa.

- Que tal influencia se ejerza «*prevaliéndose del ejercicio de las facultades de su cargo*» o «*de cualquier otra situación derivada de su relación personal o jerárquica con este u otro funcionario o autoridad*».

- Que la influencia tenga eficacia real, es decir, exista una relación de superioridad o un vínculo personal de tal entidad que pueda asegurar la incidencia sobre el proceso decisorio objetivo e imparcial del funcionario o autoridad influida.

- Que el fin perseguido sea la obtención de una resolución que genere, o pueda generar directa o indirectamente, un beneficio económico para sí o para un tercero.

En la sentencia referida se razona expresamente que no se aprecia delito de tráfico de influencias cuando: «*la condición del recurrente como alcaldesa la permitía un más fácil acceso a esas personas, pero (...) no puede afirmarse que pudiera influir de forma relevante en un Consejero del Gobierno de Aragón o en un miembro de un partido diferente del suyo, respecto de los que carece cualquier superioridad o jerarquía, profesional o personal, o de cualquier clase de ascendencia. Además, esas dos personas no eran las responsables de la decisión. (...) Por lo tanto, ha de concluirse que no concurren los requisitos del delito de tráfico de influencias».*

Por ello, si el alcalde únicamente realiza gestiones o peticiones, sin mediar una posición de ascendencia jerárquica, amistad íntima o relación personal que permita entender que su actuación es capaz de presionar eficazmente a la autoridad o funcionario destinatario, no existe relevancia penal conforme al artículo 428 del CP. El derecho penal solo sanciona la utilización desviada y efectiva de un puesto de privilegio, no la mera actuación interesada, el impulso político o la intermediación administrativa en defensa de unos intereses, aunque exista finalidad de obtener un beneficio propio o ajeno.

En conclusión, para que prospere una condena por tráfico de influencias no basta con la interposición de peticiones o gestiones ante autoridades, sino que es indispensable acreditar la existencia efectiva y relevante de influencia o presión moral, así como la existencia de una relación personal, jerárquica o de superioridad que dote de eficacia y alcance real a la actuación, elementos cuya ausencia conlleva, como en el caso de la sentencia citada, la absolución.

Caso práctico | ¿Comete delito de tráfico de influencias quién cobra por influir sin tener contactos reales?

PLANTEAMIENTO

¿Es necesario que la influencia se ejerza realmente o que se obtenga una resolución para que exista el delito de tráfico de influencias del artículo 430 del Código Penal?

RESPUESTA

No es necesario que la influencia se ejerza realmente ni que se obtenga la resolución favorable para que se configure el delito de tráfico de influencias previsto en el artículo 430 del CP. Basta con el ofrecimiento a cambio de dádiva para que el tipo penal se entienda consumado.

La sentencia del Tribunal Supremo n.º 427/2021, de 20 de mayo, ECLI:ES:TS:2021:2086, resuelve sobre un caso de estas características, en el que una persona, sin tener realmente capacidad decisoria o contactos efectivos, se ofrece a un tercero para influir sobre una autoridad, asegurando que puede conseguir una resolución administrativa favorable a cambio de una suma de dinero. El tercero realiza pagos parciales, pero ni la influencia prometida se ejerce realmente ni se obtiene la resolución administrativa pretendida.

El Tribunal Supremo señala expresamente que el delito del artículo 430 del CP es un delito de simple actividad. Esto significa que se perfecciona con el mero hecho de ofrecerse a influir en un funcionario o autoridad a cambio de dinero, sin requerir que la influencia sea real ni que se concrete en una resolución administrativa efectiva. El TS aclara que *«No es necesario para la consumación del delito que el acusado realmente tenga posibilidad de influir o sea simplemente una falacia, como tampoco que, aun teniendo tal posibilidad, se haya hecho o no la gestión y ésta haya sido exitosa o anodina. El delito es de simple actividad (...)»*.

En el caso enjuiciado, los condenados prometieron capacidad de influir sobre una autoridad local con el propósito de obtener una resolución administrativa a favor de un particular, a cambio de una suma de dinero. Aunque esa influencia no se ejerció efectivamente y la resolución no se obtuvo, los hechos encajaron plenamente en el artículo 430 del Código Penal, ya que existió un ofrecimiento a cambio de dinero con vocación de obtener trato de favor mediante la supuesta mediación de influencia personal.

En definitiva, la jurisprudencia confirma que para que exista el delito del artículo 430 del CP no es necesario ni el ejercicio real de la influencia, ni la obtención de la resolución. Es suficiente el ofrecimiento eficaz en el sentido de sugerir que el sujeto puede obtener la resolución, aunque dicha capacidad sea meramente ilusoria o incluso inexistente, y se realice a cambio de un precio, dádiva o remuneración.

En conclusión, en los términos del artículo 430 del CP y conforme a la jurisprudencia, el delito de tráfico de influencias se consuma con el mero ofrecimiento de influir sobre una autoridad o funcionario a camio de dinero, sin que sea necesario que la influencia se ejerza efectivamente ni que se obtenga la resolución pretendida.

Caso práctico | ¿Abrir cuentas falsas para otros me convierte en miembro de una organización criminal?

PLANTEAMIENTO

¿Puede ser condenado por pertenencia a organización criminal alguien que solo abrió cuentas bancarias con documentación falsa, sin intervenir en el resto de las actividades delictivas?

RESPUESTA

Sí, quien participa en una organización criminal abriendo numerosas cuentas bancarias con documentación falsa, aunque no intervenga en otras actividades delictivas (como la captación de miembros, la falsificación de material de documentos o el engaño a ciertas víctimas), puede ser considerado autor del delito de pertenencia a organización criminal, según interpreta la jurisprudencia reflejada en la sentencia del Tribunal Supremo n.º 291/2021, de 7 de abril, ECLI:ES:TS:2021:1601.

En el caso de la sentencia, un sujeto colaboró únicamente abriendo cuentas bancarias con documentación falsa suministrada por terceros, a cambio de dinero, pero sin haber participado en la elaboración de documentos fraudulentos, ni en la captación de otros miembros, ni en engaños directos a las víctimas. El TS rechazó que esta actividad pudiera calificarse de «colaboración externa» o puntual, ya que la apertura de cuentas era una tarea esencial para el funcionamiento de la organización y resultaba indispensable para la comisión de los delitos de estafa y falsedad. El tribunal subraya que la apertura de un elevado número de cuentas bancarias (en el caso concreto, más de setenta) con documentación falsa, suministrando incluso la propia fotografía para tales documentos, evidencia una integración en la estructura delictiva y una persistencia en la participación delictiva, quedando acreditado el conocimiento de la finalidad criminal del grupo y la voluntad de contribuir a la consecución de los fines delictivos de la organización.

Además, en una organización de estas características existe una especialización y reparto de funciones, y que cada miembro puede responder penalmente en concepto de autor por la actividad asignada en el reparto de papeles, aunque no participe en todas las fases ni conozca a todos los implicados.

Por tanto, la conducta consistente en la apertura sistemática y reiterada de cuentas bancarias con documentación falsa, formando parte de un plan común en el marco de una organización estructurada y estable, integra plenamente el delito de pertenencia a organización criminal conforme al artículo 570 bis del Código Penal.

Caso práctico | ¿Comete un delito el funcionario administrativo de un centro de salud que se receta medicamentos para consumo propio?

PLANTEAMIENTO

Ana, funcionaria administrativa de un centro de salud, aprovecha su acceso a la base de datos de recetas electrónicas para generar prescripciones médicas falsas a nombre de su suegro, difunto desde hace un año, introduciendo como diagnóstico una patología crónica ficticia que justifica la asignación gratuita de un medicamento caro financiado por la Seguridad Social. Ana retira personalmente las medicinas en la farmacia del centro, donde dispone del SIP y cartilla del difunto.

Descubierta la maniobra tras la auditoría anual, el centro reclama la devolución de 4.000 euros, que equivalen al valor de los medicamentos indebidamente dispensados durante el año. Ana alega en el procedimiento penal que no obtuvo beneficio económico, ya que no vendió ni usó el medicamento, y que sólo lo retiró por ayudar a otra persona, negando ánimo de lucro. ¿Debe condenarse a Ana? En su caso, ¿por qué delito?

RESPUESTA

Sí. La conducta de Ana debe reputarse constitutiva de un delito de estafa a la Administración del art. 438 del CP, ya que concurren todos los elementos típicos y doctrinales aplicados por el Tribunal Supremo en sentencias como la **STS n.º 586/2018, de 23 de noviembre, ECLI:ES:TS:2018:3971**. Según esta, debe existir:

- **Engaño suficiente para inducir a error a la Administración o a sus funcionarios**. En este caso, existe engaño (recetas emitidas con datos falsos de una persona difunta y diagnóstico falso) y aprovechamiento de la condición de funcionaria.

- **Desplazamiento patrimonial en perjuicio de la Administración**. Se produce desplazamiento patrimonial por la obtención gratuita e indebida por parte de la Administración de una mercancía valorada en 4.000 euros.

- **Ánimo de lucro**, entendido como la obtención de cualquier ventaja o utilidad para sí o para un tercero, sin requerir enriquecimiento efectivo ni destino concreto del bien obtenido. En el presente supuesto, **el ánimo de lucro concurre por el mero hecho de procurarse un beneficio injusto** (obtención sin motivo legítimo del medicamento), siendo irrelevante haberlo usado, vendido o no. El hecho de que la encausada no haya obtenido una ganancia material distinta a la posesión ilícita del medicamento no excluye la concurrencia del ánimo de lucro requerido jurisprudencialmente.

- **Relación de causalidad** entre el engaño, el error y el desplazamiento patrimonial. Aquí se da, porque el engaño determinó la entrega por la Administración de los bienes.

Caso práctico | ¿A qué penas se enfrenta una autoridad cesada en el cargo si rehúsa justificar un incremento patrimonial ante la Administración?

PLANTEAMIENTO

Luis, director general de una consejería autonómica, finaliza su cargo en 2022. Un año después, en 2023, la Administración detecta que durante el ejercicio de su función y el año posterior, Luis ha incrementado su patrimonio en 400.000 euros, cantidad que no se corresponde con sus ingresos oficialmente acreditados. Los órganos competentes le requieren que justifique el origen de este incremento patrimonial. ¿Podría Luis manifestar a la Administración su negativa a aportar documentación o explicaciones sobre la procedencia de dichos fondos?

RESPUESTA

No. Al negarse **abiertamente** a cumplir los requerimientos de la Administración, conforme al artículo 438 bis del Código Penal la conducta de Luis encaja en el tipo penal descrito, al haber incrementado —en menos de cinco años después de su cese— su patrimonio en más de 250.000 euros respecto a sus ingresos acreditados y negarse abiertamente a cumplir los requerimientos de los órganos competentes para justificar dicho incremento. Por tanto, Luis podría ser castigado con:

- Prisión de seis meses a tres años.
- Multa del tanto al triplo del beneficio obtenido (es decir, entre 400.000 y 1.200.000 euros).
- Inhabilitación especial para empleo o cargo público y para el ejercicio del derecho de sufragio pasivo por tiempo de dos a siete años.

Este precepto pretende sancionar el enriquecimiento injustificado de las autoridades, especialmente cuando se obstaculiza la acción de los órganos de control al no justificar el origen de incrementos patrimoniales significativos.

Caso práctico | ¿Tiene relevancia penal la ocultación de documentos por parte del funcionario custodio de los mismos?

PLANTEAMIENTO

Nicolás es funcionario público y trabaja en archivo del ayuntamiento de una ciudad. En el ejercicio de sus funciones, se le encomienda la custodia de varios expedientes administrativos de gran relevancia para un proceso de licitación pública. Sabiendo que uno de los documentos puede resultar perjudicial para la imagen de un alto cargo municipal, Nicolás decide ocultar dicho expediente en un lugar apartado, impidiendo con ello su consulta durante la tramitación del procedimiento. ¿Puede ser sancionado penalmente ?

RESPUESTA

Sí. Conforme al artículo 413 del Código Penal, la conducta de Nicolás constituye un delito, ya que, como autoridad o funcionario público, ha ocultado, a sabiendas, un documento cuya custodia le estaba encomendada por razón de su cargo. Por este hecho, Nicolás podría ser castigado con una pena de prisión de uno a cuatro años, multa de siete a veinticuatro meses e inhabilitación especial para empleo o cargo público por tiempo de tres a seis años.

ANEXO II.
FORMULARIOS

Denuncia por delito de tráfico de influencias

A TENER EN CUENTA. Por la reforma operada por la LO 1/2025, de 2 de enero, una vez implantados de forma efectiva los tribunales de instancia (D.T. 1.ª), todas las referencias realizadas a los juzgados unipersonales se entenderán hechas a las secciones del orden jurisdiccional correspondiente de los tribunales de instancia.

AL JUZGADO DE INSTRUCCIÓN / A LA SECCIÓN DE INSTRUCCIÓN DEL TRIBUNAL DE INSTANCIA DE [LOCALIDAD] **(1)**

Don/Doña [NOMBRE_PROCURADOR_CLIENTE]**,** Procurador/a de los Tribunales, en nombre y representación de Don/Doña [NOMBRE_CLIENTE], con DNI [NÚMERO_DNI] y domicilio en esta ciudad [DOMICILIO_CLIENTE], apoderamiento que acredito mediante escritura de poder general para pleitos, que se acompaña al presente escrito como Documento núm. [NÚM_DOC], y bajo la asistencia del/de la Letrado/a Don/Doña [NOMBRE_ABOGADO_CLIENTE], Colegiado/a núm. [NUM_COLEGIADO_ABOGADO_CLIENTE] del [NOMBRE_COLEGIO_ABOGADOS], ante este/a Juzgado/Sección comparezco y como mejor proceda en Derecho

DIGO

Que por medio del presente escrito, y en calidad de ofendido/a o perjudicado/a, vengo a **FORMULAR DENUNCIA** por comisión de un **DELITO DE TRÁFICO DE INFLUENCIAS** contra **Don/Doña** [NOMBRE_PARTE_CONTRARIA]**,** todo ello con base en los siguientes:

HECHOS

PRIMERO.- Mi representado/a viene desempeñando el puesto de trabajo de [ESPECIFICAR] **(2)** en el lugar de trabajo situado en [ESPECIFICAR].

La parte denunciada ostenta el cargo de [ESPECIFICAR] **(2)** en el lugar de trabajo situado en [ESPECIFICAR].

SEGUNDO.- Los hechos que se vienen a denunciar sucedieron en el siguiente orden, en lugar y fechas que a continuación se detallan **(3)**:

Con fecha [FECHA], el/la denunciante Don/Doña [NOMBRE], en [ORGANISMO], sito en el término municipal de [LOCALIDAD], a las [HORA] horas, estaba realizando las siguientes gestiones: [DESCRIPCION].

Los días [FECHA] y [FECHA], Don/Doña [NOMBRE_PARTE_CONTRARIA] solicitó a Don/Doña [NOMBRE], prevaliéndose del ejercicio de las facultades de su cargo, para conseguir [ESPECIFICAR_DAÑO_CAUSADO].

Se adjunta como Documento núm. [DOCUMENTAL_PROBATORIA_HECHOS].

TERCERO.- El/la denunciado/a Don/Doña [NOMBRE_PARTE_CONTRARIA], recibió por los hechos anteriores [DESCRIPCION], obteniendo con ello un beneficio para sí.

Se adjunta como Documento núm. [NUMERO], el/la [DOCUMENTO], acreditativo/a de estas alegaciones.

A estos hechos son de aplicación los siguientes

FUNDAMENTOS DE DERECHO

I.- JURISDICCIÓN Y COMPETENCIA.- Es competente el Juzgado / la Sección a la que me dirijo por razón de materia y territorio, al amparo de los artículos 8, 9, 10 y 14 de la LECrim.

II.- LEGITIMACIÓN Y CAPACIDAD.- Conforme a lo establecido en los artículos 101 y siguientes de la LECrim.

III.- PROCEDIMIENTO.- Han de seguirse los cauces establecidos en los artículos 259 y siguientes de la LECrim.

IV.- FONDO DEL ASUNTO (4)

Los hechos descritos son constitutivos de infracción penal, y ostentando las partes cargo de funcionario público o autoridad, debe tipificarse la conducta relatada como un **delito de tráfico de influencias,** previsto y penado por el Código Penal en su artículo 428 que establece que: «El funcionario público o autoridad que influyere en otro funcionario público o autoridad prevaliéndose del ejercicio de las facultades de su cargo o de cualquier otra situación derivada de su relación personal o jerárquica con éste o con otro funcionario o autoridad para conseguir una resolución que le pueda generar directa o indirectamente un beneficio económico para sí o para un tercero, incurrirá en las penas de prisión de seis meses a dos años, multa del tanto al duplo del beneficio perseguido u obtenido e inhabilitación especial para empleo o cargo público y para el ejercicio del derecho de sufragio pasivo por tiempo de cinco a nueve años. Si obtuviere el beneficio perseguido, estas penas se impondrán en su mitad superior».

El artículo 429 del Código Penal recoge que «El particular que influyere en un funcionario público o autoridad prevaliéndose de cualquier situación derivada de su relación personal con éste o con otro funcionario público o autoridad para conseguir una resolución que le pueda generar directa o indirectamente un beneficio económico para sí o para un tercero, será castigado con las penas de prisión de seis meses a dos años, multa del tanto al duplo del beneficio perseguido u obtenido, y prohibición de contratar con el sector público, así como la pérdida de la posibilidad de obtener subvenciones o ayudas públicas y del derecho a gozar de beneficios o incentivos fiscales y de la Seguridad Social por tiempo de seis a diez años. Si obtuviere el beneficio perseguido, estas penas se impondrán en su mitad superior».

Asimismo, como ejemplos de jurisprudencia aplicable a este tipo de supuestos, se pueden citar las SSTS n.º 257/2019, de 22 de mayo, ECLI:ES:TS:2019:1601 y **n.º 311/2019, de 14 de junio, ECLI:ES:TS:2019:1886.**

Por todo lo expuesto,

SUPLICO: que, por presentado este escrito junto con sus copias y documentos que se acompañan, se sirva admitir la denuncia que en él se contiene y proceda a las actuaciones pertinentes para el esclarecimiento de los hechos denunciados y el castigo de los responsables de los mismos por DELITO DE TRÁFICO DE INFLUENCIAS.

En [LOCALIDAD] a [DIA] de [MES] de [AÑO].

PROCURADOR/A   ABOGADO/A

[FIRMA]   [FIRMA]

---

(1) Por la reforma operada por la LO 1/2025, de 2 de enero, una vez implantados de forma efectiva los tribunales de instancia (D.T. 1.ª), todas las referencias realizadas a los juzgados uniperso-

nales se entenderán hechas a las secciones del orden jurisdiccional correspondiente de los tribunales de instancia.

(2) Especificar el cargo de funcionario que desempeña, si se trata de un delito del artículo 428 CP (entre funcionarios). Si se trata de un supuesto del artículo 429 del CP, especificarlo de la misma forma.

(3) Pormenorizar los hechos para perfilar la conducta delictiva.

(4) Ha de aplicarse el artículo 428 o 429 del CP, dependiendo de si el infractor es funcionario o particular.

Denuncia por delito de prevaricación de funcionario público

A TENER EN CUENTA. Tras la reforma realizada por la **LO 1/2025, de 2 de enero**, una vez implantados de forma efectiva los tribunales de instancia (**D.T.1.ª**), todas las referencias realizadas a los juzgados unipersonales se entenderán realizadas a las secciones del orden jurisdiccional correspondiente de los tribunales de instancia.

AL JUZGADO DE INSTRUCCIÓN QUE CORRESPONDA DE [LOCALIDAD]/A LA SECCIÓN DE INSTRUCCIÓN DEL TRIBUNAL DE INSTANCIA DE [LOCALIDAD] (1)

Don/Doña [NOMBRE_PROCURADOR/A_CLIENTE], procurador/a de los Tribunales, en nombre y representación de Don/Doña [NOMBRE_CLIENTE], con domicilio en esta ciudad [DOMICILIO_CLIENTE], y provisto/a de DNI número [DNI_CLIENTE] lo que acredito mediante escritura de poder general para pleitos, para su unión a los autos por copia testimoniada con devolución de aquélla, previo testimonio en autos, con la asistencia del/de la letrado/a Don/Doña [NOMBRE_ABOGADO/A_CLIENTE], con n.º de colegiado/a [NÚMERO_COLEGIADO/A_ABOGADO/A_CLIENTE] como más procedente sea en Derecho ante el Juzgado/Sección comparezco y

DIGO

Que por medio del presente escrito y conforme se dispone en el artículo 265 de Ley de Enjuiciamiento Criminal **(2)** vengo a formular **DENUNCIA** contra Don/Doña [NOMBRE_PARTE_CONTRARIA] por un **DELITO DE PREVARICACIÓN** del **artículo 404 del Código Penal**, tal y como se detalla a continuación.

HECHOS (3)

PRIMERO.- En fecha de [FECHA] ha sido presentada ante el Ayuntamiento de [LOCALIDAD] acción pública para la protección de la legalidad urbanística por la construcción de [DESCRIPCION] en [LUGAR], en el término municipal de [LOCALIDAD]. El fundamento de dichas peticiones radica en carecer de la preceptiva licencia urbanística **(4)**. Se acompaña como **documento n.º** [NÚMERO], copia de dicha acción pública.

Transcurrido un plazo superior a tres meses desde la presentación de la solicitud se interpuso nuevo escrito ante el Ayuntamiento el día [NÚMERO] de [MES] de [AÑO], con lo que se acompaña copia del mismo, como **documento n.º** [NÚMERO], haciéndole constar el carácter delictivo de la falta de resolución de orden de paralización de las obras e inicio de expediente de restauración de la legalidad.

SEGUNDO.- El carácter delictivo de la ausencia de resolución positiva se reconoce en reiterada jurisprudencia del Tribunal Supremo declara el hecho de que las consecuencias de la falta de actuación que entrañe un resultado negativo —cual es no dictar orden de paralización e iniciar expediente de restauración de la legalidad ambiental— implica igualmente que se produce por un actuar decisorio, concreto y positivo. En este caso el/la Sr./Sra. alcalde/sa mediante una actuación decisoria de no resolver expresamente, ha desestimado por silencio administrativo nuestra petición.

Esta resolución presunta es manifiestamente injusta, conocido que es el informe del [DESCRIPCIÓN] y reiterado por esta asociación en fecha de [FECHA] al delegado provincial el carácter delictivo de la falta de actuación de ordenar la paralización de las obras, una vez que conoce el informe citado.

En su virtud,

SUPLICO AL JUZGADO/A LA SECCIÓN:

Tenga por presentado este escrito con los documentos que se acompañan, se sirva admitirlo, tenga por formulada la denuncia a que el mismo se contrae, acuerde la práctica de diligencias que determine las responsabilidades en que ha incurrido el/la Sr./Sra. alcalde/sa, pues así procede en mérito de Justicia que respetuosamente pedimos en [LOCALIDAD] a [DÍA] de [MES] de [AÑO].

<table>
<tr><td>LETRADO/A</td><td>PROCURADOR/A</td></tr>
<tr><td>[FIRMA]</td><td>[FIRMA]</td></tr>
</table>

---

(1) En virtud de la reforma realizada por la **LO 1/2025, de 2 de enero**, una vez implantados de forma efectiva los tribunales de instancia (**D.T. 1.ª**), todas las referencias realizadas a los juzgados unipersonales se entenderán realizadas a las secciones del orden jurisdiccional correspondiente de los tribunales de instancia. En la redacción resultante de la norma mencionada, los arts. 84 y siguientes de la LOPJ son los que permiten conocer la sección competente en cada caso. En particular, por lo que al orden penal se refiere, acúdase a los arts. 88 y siguientes de la LOPJ.

(2) Tras la reforma del art. 265 de la LECrim, por Real Decreto-ley 6/2023, de 19 de diciembre, el contenido de la denuncia será el dispuesto en el apartado segundo del citado precepto. Esta reforma entrará en vigor el 20 de marzo de 2024, hasta ese momento el art. 265 LECrim continúa aplicándose de acuerdo con su tenor original, a saber: «Las denuncias podrán hacerse por escrito o de palabra, personalmente o por medio de mandatario con poder especial».

(3) Descripción de los hechos con la mayor exactitud posible y las demás circunstancias y pormenores de lo ocurrido.

(4) **OTRA OPCIÓN**: Por no ajustarse las obras de construcción a la licencia [DESCRIPCION] emitida en fecha de [FECHA] por el Ayuntamiento de [LOCALIDAD].

Denuncia por delito de malversación de fondos

A TENER EN CUENTA. Tras la reforma realizada por la LO 1/2025, de 2 de enero, una vez implantados de forma efectiva los tribunales de instancia (D.T.1.ª), todas las referencias realizadas a los juzgados unipersonales se entenderán realizadas a las secciones del orden jurisdiccional correspondiente de los tribunales de instancia.

AL JUZGADO DE INSTRUCCIÓN QUE CORRESPONDA DE [LOCALIDAD] / A LA SECCIÓN DE INSTRUCCIÓN DEL TRIBUNAL DE INSTANCIA DE [LOCALIDAD] (1)

Don/Doña [NOMBRE], con DNI [NUMERO] y domicilio a efectos de notificaciones en [DOMICILIO], comparezco y, como mejor proceda en Derecho,

DIGO

Que por medio del presente escrito y conforme se dispone en el artículo 265 de Ley de Enjuiciamiento Criminal (2) vengo a formular **DENUNCIA** contra Don/Doña [NOMBRE_PARTE_CONTRARIA] por un **DELITO DE MALVERSACIÓN del artículo 432 del Código Penal**, tal y como se detalla a continuación.

HECHOS (3)

PRIMERO.- Don/Doña [NOMBRE_PARTE_CONTRARIA], desde el [DÍA_MES_AÑO] hasta el [DÍA_MES_AÑO] venía prestando sus servicios para [NOMBRE_ENTIDAD_PÚBLICA] con el cargo de [PROFESION].

SEGUNDO.- El denunciado/a debido al puesto que ocupa, tiene acceso a la cuenta de subvenciones [NUMERO_CUENTA] denominada [NOMBRE_CUENTA].

TERCERO.- Aprovechando el acceso a la misma, realizó numerosas transferencias con cargo a la misma y a favor de terceras personas [DESCRIPCION].

CUARTO.- Las citadas operaciones supusieron un perjuicio para [NOMBRE_ENTIDAD_PÚBLICA], ya que empleó los fondos propios de la misma para [DESCRIPCIÓN].

QUINTO.- Por todo lo expuesto anteriormente, consideramos que se ha cometido un delito de malversación de fondos del artículo 432 del Código Penal por parte de [NOMBRE_PARTE_CONTRARIA].

A los expresados hechos le son de aplicación los siguientes

FUNDAMENTOS DE DERECHO

PRIMERO. JURISDICCIÓN Y COMPETENCIA

Resulta competente para el procedimiento de esta causa el órgano al que nos dirigimos, de acuerdo con los artículos 8 y siguientes de la Ley de Enjuiciamiento Criminal. (1)

SEGUNDO. CAPACIDAD Y LEGITIMACIÓN

Que me encuentro capacitado y legitimado conforme a los artículos 101 y siguientes de la Ley de Enjuiciamiento Criminal.

TERCERO. PROCEDIMIENTO

El procedimiento a seguir será el establecido en los artículos 259 y siguientes de la Ley de Enjuiciamiento Criminal.

CUARTO. FONDO DEL ASUNTO

Los citados hechos podrían ser constitutivos del delito del artículo 432 del Código Penal, según el cual:

> «1. La autoridad o funcionario público que, con ánimo de lucro, se apropiare o consintiere que un tercero, con igual ánimo, se apropie del patrimonio público que tenga a su cargo por razón de sus funciones o con ocasión de las mismas, será castigado con una pena de prisión de dos a seis años, inhabilitación especial para cargo o empleo público y para el ejercicio del derecho de sufragio pasivo por tiempo de seis a diez años.
>
> 2. Se impondrán las penas de prisión de cuatro a ocho años e inhabilitación absoluta por tiempo de diez a veinte años si en los hechos que se refieren en el apartado anterior hubiere concurrido alguna de las circunstancias siguientes:
>
> a) se hubiera causado un daño o entorpecimiento graves al servicio público,
>
> b) el valor del perjuicio causado o del patrimonio público apropiado excediere de 50.000 euros,
>
> c) las cosas malversadas fueran de valor artístico, histórico, cultural o científico; o si se tratare de efectos destinados a aliviar alguna calamidad pública.
>
> Si el valor del perjuicio causado o del patrimonio público apropiado excediere de 250.000 euros, se impondrá la pena de prisión en su mitad superior, pudiéndose llegar hasta la superior en grado.
>
> 3. Los hechos a que se refiere el presente artículo serán castigados con una pena de prisión de uno a dos años y multa de tres meses y un día a doce meses, y en todo caso inhabilitación especial para cargo o empleo público y derecho de sufragio pasivo por tiempo de uno a cinco años, cuando el perjuicio causado o el valor del patrimonio público sea inferior a 4.000 euros».

La **STS n.° 362/2018, de 18 de julio, ECLI:ES:TS:2018:2953**, relativa al delito de malversación de fondos públicos del artículo 432 del CP en relación con aprovechamientos urbanísticos, hace especial referencia a lo que la jurisprudencia viene admitiendo en cuanto a este delito:

> «Respecto al delito de malversación la jurisprudencia tradicionalmente viene admitiendo (STS 238/2010 de 17 de marzo , 228/2013 de 22 de marzo) la naturaleza pluriofensiva de este delito, manifestada, de un lado, en el aspecto de la infidelidad del funcionario público que se plasma en la violación del deber jurídico de cuidado y custodia de los bienes que tiene a su cargo, con vulneración de la fe pública o la confianza en la correcta actuación administrativa, y de otra parte, en su dimensión patrimonial en cuanto atenta contra los interés económicos del Estado o contra la Hacienda Pública (STS 687/99 de 10 de mayo).
>
> No constituye un delito contra la propiedad o el patrimonio, sino contra los deberes de fidelidad que tienen los funcionarios o sus particulares asimilados a ellos y se consuma con la realidad dispositiva de los caudales.
>
> **El autor de la malversación**, por un lado, **además de apropiarse de bienes ajenos, viola su deber personal de fidelidad respecto de la administración**, por

otro lado la apropiación por la que se consuma el delito de malversación recae sobre bienes públicos a los que el legislador puede dispensar una mayor protección que a los privados. En este sentido la STC 65/86 de 22 de mayo , precisa que el legislador no ha vulnerado el art. 14 CE al prever sanciones penales distintas para los delitos de apropiación indebida y malversación de fondos».

Por lo expuesto,

SUPLICO AL JUZGADO / A LA SECCIÓN:

Que, teniendo por presentado este escrito, con sus copias se sirva admitir la presente **DENUNCIA** por **DELITO DE MALVERSACIÓN,** y acordar la tramitación de la misma con la mayor urgencia, así como investigar los hechos denunciados al objeto de esclarecer las eventuales responsabilidades penales dimanantes de los mismos.

En [CIUDAD], a [DIA] de [MES] de [AÑO]

Fdo.: [FIRMA_LETRADO]   Fdo.: [FIRMA_PROCURADOR]

---

(1) En virtud de la reforma realizada por la LO 1/2025, de 2 de enero, una vez implantados de forma efectiva los tribunales de instancia (D.T. 1.ª), todas las referencias realizadas a los juzgados unipersonales se entenderán realizadas a las secciones del orden jurisdiccional correspondiente de los tribunales de instancia. En la redacción resultante de la norma mencionada, los arts. 84 y siguientes de la LOPJ son los que permiten conocer la sección competente en cada caso. En particular, por lo que al orden penal se refiere, acúdase a los arts. 88 y siguientes de la LOPJ.

(2) Tras la reforma del artículo 265 de la LECrim por el Real Decreto-ley 6/2023, de 19 de diciembre, el contenido de la denuncia será el dispuesto en el apartado segundo del citado precepto, a cuyo tenor:

«1. Las denuncias podrán hacerse por escrito o de palabra, personalmente o por medio de mandatario con poder especial.

2. La denuncia contendrá la identificación de la persona denunciante y la narración circunstanciada del hecho. En caso de persona jurídica o ente sin personalidad jurídica, deberá identificarse también la persona física que formula la denuncia en su nombre, indicando su relación con la persona jurídica o el ente sin personalidad denunciante.

Igualmente, si fueran conocidas, contendrá la identificación de las personas que lo hayan cometido y de quienes lo hayan presenciado o tengan información sobre él. También indicará la existencia de cualquier fuente de conocimiento de la que el denunciante tenga noticia, que pueda servir para esclarecer el hecho denunciado».

(3) Descripción de los hechos con la mayor exactitud posible y las demás circunstancias y pormenores de lo ocurrido.

Denuncia por delitos de infidelidad en la custodia de documentos y violación de secretos

> **A TENER EN CUENTA.** Por la reforma realizada por la LO 1/2025, de 2 de enero, una vez implantados de forma efectiva los tribunales de instancia (D.T.1.ª), todas las referencias realizadas a los juzgados unipersonales se entenderán realizadas a las secciones del orden jurisdiccional correspondiente de los tribunales de instancia.

AL JUZGADO DE INSTRUCCIÓN DE [CIUDAD]/A LA SECCIÓN DE INSTRUCCIÓN DEL TRIBUNAL DE INSTANCIA DE [LOCALIDAD] (1)

Don/Doña [NOMBRE_PROCURADOR_CLIENTE], procurador de los Tribunales, en nombre y representación de don/doña [NOMBRE_CLIENTE], con domicilio en esta ciudad [DOMICILIO_CLIENTE], y provisto de DNI [NÚMERO] lo que acredito mediante escritura de poder general para pleitos, para su unión a los autos por copia testimoniada con devolución de aquella, previo testimonio en autos, con la asistencia del/de la letrado/a Don/Doña [NOMBRE_ABOGADO_CLIENTE], con n.º de colegiado/a [NUMERO_COLEGIADO_ABOGADO_CLIENTE] como más procedente sea en Derecho ante el juzgado/sección comparezco y,

DIGO

Que por medio del presente escrito y conforme se dispone en el artículo 265 de la Ley de Enjuiciamiento Criminal **(2)**, vengo a formular **DENUNCIA** contra Don/Doña [NOMBRE_PARTE_CONTRARIA] por los **DELITOS DE INFIDELIDAD EN LA CUSTODIA DE DOCUMENTOS** y **VIOLACIÓN DE SECRETOS** de conformidad con las siguientes,

ALEGACIONES (3)

PRIMERA.- Don/Doña [NOMBRE_PARTE_CONTRARIA], funcionario del [ORGANISMO], es la persona encargada de custodiar la documentación referente al procedimiento de contratación para [DESCRIPCION].

SEGUNDA.- Dicha documentación se encontraba clasificada como secreta y por lo tanto no podía ser divulgada hasta la fecha en que se hiciera pública dicha contratación.

TERCERA.- El día [DÍA]-[MES]-[AÑO], los documentos número [NÚMERO] y [NÚMERO], fueron sustraídos por Don/Doña [NOMBRE_PARTE_CONTRARIA] el cual hizo entrega de los mismos a Don/Doña [NOMBRE].

CUARTA.- Además de la entrega de dicha documentación, Don/Doña [NOMBRE_PARTE_CONTRARIA] reveló información confidencial a Don/Doña [NOMBRE], referente a dicho procedimiento de contratación, en concreto [DESCRIPCION].

QUINTA.- Los citados hechos podrían ser constitutivos de los delitos del artículo 413 del CP y del artículo 417 del Código Penal:

Artículo 413

«La autoridad o funcionario público que, a sabiendas, sustrajere, destruyere, inutilizare u ocultare, total o parcialmente, documentos cuya custodia le esté encomendada por razón de su cargo, incurrirá en las penas de prisión de uno a cuatro años, multa de siete a veinticuatro meses, e inhabilitación especial para empleo o cargo público por tiempo de tres a seis años».

Artículo 417

«La autoridad o funcionario público que revelare secretos o informaciones de los que tenga conocimiento por razón de su oficio o cargo y que no deban ser divulgados, incurrirá en la pena de multa de doce a dieciocho meses e inhabilitación especial para empleo o cargo público por tiempo de uno a tres años (…)».

Por lo expuesto,

SUPLICO AL JUZGADO/SECCIÓN:

Que teniendo por presentado este escrito, con sus copias se sirva admitir la presente **DENUNCIA** por **DELITO DE INFIDELIDAD EN LA CUSTODIA DE DOCUMENTOS** y **DELITO DE VIOLACIÓN DE SECRETOS,** y acordar la tramitación de la misma con la mayor urgencia, así como investigar los hechos denunciados al objeto de esclarecer las eventuales responsabilidades penales dimanantes de los mismos.

En [CIUDAD] a [DÍA] de [MES] de [AÑO].

Fdo.: D./D.ª   Fdo.: D./D.ª

[NOMBRE_ABOGADO/A]   [NOMBRE_PROCURADOR/A]

Col. n.º: Col. n.º:

[NUMERO_ABOGADO/A]   [NUMERO_PROCURADOR/A]

---

(1) Por la reforma realizada por la LO 1/2025, de 2 de enero, una vez implantados de forma efectiva los tribunales de instancia (D.T.1.ª), todas las referencias realizadas a los juzgados unipersonales se entenderán realizadas a las secciones del orden jurisdiccional correspondiente de los tribunales de instancia. En este caso para determinar la sección competente habrá que atender a lo dispuesto en el artículo 88 de la LOPJ, modificado por la LO 1/2025, de 2 de enero, en vigor desde el 23/01/2025.
(2) Tras la reforma del artículo 265 de la LECrim, por Real Decreto-ley 6/2023, de 19 de diciembre, el contenido de la denuncia será el dispuesto en el apartado segundo del citado precepto. Esta reforma entró en vigor el 20 de marzo de 2024.
(3) Descripción de los hechos con la mayor exactitud posible y las demás circunstancias y pormenores de lo ocurrido

Querella por blanqueo de capitales

> **A TENER EN CUENTA**. Por la reforma realizada por la LO 1/2025, de 2 de enero, una vez implantados de forma efectiva los tribunales de instancia (D.T.1.ª), todas las referencias realizadas a los juzgados unipersonales se entenderán realizadas a las secciones del orden jurisdiccional correspondiente de los tribunales de instancia, en este caso, a la sección de instrucción ex art. 88 de la LOPJ.

S/Ref: [NÚMERO].

Procedimiento: [NÚMERO].

AL JUZGADO DE INSTRUCCIÓN DE [LOCALIDAD] / A LA SECCIÓN DE INSTRUCCIÓN DEL TRIBUNAL DE INSTANCIA DE [LOCALIDAD] (1)

D./D.ª [NOMBRE_PROCURADOR_CLIENTE], procurador de los tribunales, en nombre y representación de D./D.ª [NOMBRE_CLIENTE], con domicilio en [DOMICILIO_CLIENTE], y provisto de DNI n.º [NÚMERO] lo que acredito mediante escritura de poder general para pleitos, para su unión a los autos por copia testimoniada con devolución de aquella, previo testimonio en autos, con la asistencia letrada de D./D.ª [NOMBRE_ABOGADO/A_CLIENTE], con n.º de colegiado/a [NÚMERO] como más procedente sea en Derecho ante el Juzgado / la Sección comparezco y

DIGO

Siguiendo las instrucciones de mi mandante, formulo querella en ejercicio del derecho reconocido en los artículos 270 y siguientes de la LECrim contra D./D.ª [NOMBRE_PARTE_CONTRARIA] por el **delito de blanqueo de capitales** recogido en los artículos 298 y siguientes del Código Penal.

De conformidad con los artículos 277 y concordantes de la LECrim.

EXPONGO

PRIMERO.- COMPETENCIA

Es competente el Juzgado / a la Sección de Instrucción a la que me dirijo a tenor de los artículos 14 y 272 de la LECrim, al haber ocurrido los hechos dentro de este partido, concretamente en [LOCALIDAD].

SEGUNDO.- QUERELLANTE

El querellante se llama D./D.ª [NOMBRE_CLIENTE] como queda dicho, mayor de edad, [ESTADO_CIVIL_CLIENTE], estado civil [ESTADO_CIVIL] de profesión [PROFESIÓN], vecino de [LOCALIDAD], con domicilio en [DOMICILIO_CLIENTE].

TERCERO.- QUERELLADO

El querellado se llama D./D.ª [NOMBRE_PARTE_CONTRARIA], mayor de edad, estado civil [ESTADO_CIVIL], de profesión [PROFESIÓN], vecino de [LOCALIDAD], con domicilio en [DOMICILIO_PARTE_CONTRARIA].

CUARTO.- RELACIÓN CIRCUNSTANCIADA DE LOS HECHOS

El [DÍA] de [MES] de [AÑO], personas que no fueron identificadas, anunciaron en internet, en una página de compraventa de artículos de segunda mano, la venta de una [DESCRIPCIÓN].

Al ver el anuncio de [DESCRIPCIÓN], D./D.ª [NOMBRE_CLIENTE] se puso en contacto por teléfono con quien aparecía como vendedor y concertó un contrato de compraventa de la [DESCRIPCIÓN] el [DÍA] de [MES] de [AÑO], a través de la citada página de internet.

Conforme a las instrucciones recibidas por el supuesto vendedor, D./D.ª [NOMBRE_CLIENTE], acudió a una oficina de la entidad bancaria [NOMBRE], e ingresó el día indicado la cantidad de [CANTIDAD] euros en la cuenta corriente n.º [NÚMERO_CUENTA], titularidad del querellado D./D.ª [NOMBRE_PARTE_CONTRARIA], bajo el concepto «[ESPECIFICAR]».

A partir de entonces fue imposible contactar con el supuesto vendedor y la [DESCRIPCIÓN] nunca fue enviada al frustrado comprador D./D.ª [NOMBRE_CLIENTE].

[PLAZO_DÍAS] días después del ingreso bancario, el dinero fue retirado de la cuenta corriente por su titular y entregado a persona o personas cuya identidad no ha sido suficientemente acreditada, conociendo el acusado que su origen era ilícito. La cuenta corriente del banco [NOMBRE] fue abierta el [DÍA] de [MES] de [AÑO], tenía unos gastos de mantenimiento de [CANTIDAD] euros mensuales y sus movimientos más frecuentes eran ingresos y reintegros en efectivo de pequeñas cantidades, irregulares y esporádicos.

El [DÍA] de [MES] de [AÑO], D./D.ª [NOMBRE_PARTE_CONTRARIA] recibió en esa cuenta una transferencia de [CANTIDAD] euros, bajo el concepto «[ESPECIFICAR]», de los que ese mismo día y el siguiente extrajo [CANTIDAD] euros.

También el [DÍA] de [MES] de [AÑO], [NOMBRE_PARTE_CONTRARIA] abrió una cuenta corriente en el [NOMBRE_EMPRESA] con n.º [NÚMERO] y unos gastos de mantenimiento de [CANTIDAD] euros al semestre.

Sus movimientos más frecuentes eran ingresos y reintegros en efectivo de pequeñas cantidades, irregulares y más esporádicos que en la cuenta de la entidad bancaria [NOMBRE].

El [DÍA] de [MES] de [AÑO], el querellado recibió una transferencia de [CANTIDAD] euros, en su cuenta de [NOMBRE_EMPRESA] y el mismo día dispuso en efectivo de [CANTIDAD] euros.

En esta misma cuenta recibió una transferencia de [CANTIDAD] euros, el [DÍA] de [MES] de [AÑO], D./D.ª [NOMBRE_PARTE_CONTRARIA].

La titularidad de las cuentas se vincula con la conclusión del conocimiento del origen del dinero que en ellas se ingresaba, sabía que recibía dinero de compradores de productos y se lo entregaba a personas de las que no le constaba que vendieran nada. Para ello, abrió dos cuentas corrientes de las que no consta otra utilidad que recibir ese dinero, de todo lo cual deriva la convicción de que sabía del **origen delictivo** del numerario.

Los hechos que quedan expuestos revisten los típicos caracteres de un **delito de blanqueo de capitales previsto en el artículo 301 del Código Penal** del que presuntamente es culpable el querellado.

QUINTO. - DILIGENCIAS A PRACTICAR PARA LA COMPROBACIÓN DEL HECHO

- Declaración del querellado sobre los hechos de la querella y que manifieste en particular: [DESCRIPCIÓN].

- Documental, teniendo por reproducidos los documentos que se acompañan a la querella.
- Testifical: D./D.ª [NOMBRE].

Por todo ello,

SUPLICO:

Se admita esta querella, se practiquen las diligencias interesadas en el número anterior y se tomen las pertinentes medidas cautelares sobre la situación personal y sobre los bienes del querellado D./D.ª [NOMBRE_PARTE_CONTRARIA] disponiendo se proceda al procesamiento, detención y prisión provisional del querellado, o se le exija fianza por la libertad en la cantidad de [CANTIDAD] euros, y otra fianza para cubrir las responsabilidades civiles y, en su defecto, se decrete el embargo de sus bienes suficientes para atender dichas responsabilidades, que esta parte valora en [CANTIDAD] euros.

Es justicia en [DÍA] de [MES] del [AÑO].

Fdo.: D./D.ª   Fdo.: D./D.ª

[NOMBRE_ABOGADO/A_CLIENTE]   [NOMBRE_PROCURADOR/A_CLIENTE]

OTROSÍ DIGO: en cumplimiento de lo previsto en el artículo 280 de la Ley de Enjuiciamiento Criminal, esta parte está dispuesta a prestar la fianza que el juzgado / la sección estime conveniente para responder de las resultas del juicio **(2)**.

En su virtud,

SUPLICO:

Tenga por hecha dicha manifestación, siendo justicia que reitero.

En fecha y lugar ut supra.

Fdo.: D./D.ª   Fdo.: D./D.ª

[NOMBRE_ABOGADO/A_CLIENTE]   [NOMBRE_PROCURADOR/A_CLIENTE]

---

(1) Por la reforma operada por la LO 1/2025, de 2 de enero, una vez implantados de forma efectiva los tribunales de instancia (D.T.1.ª), todas las referencias realizadas a los juzgados unipersonales se entenderán hechas a las secciones del orden jurisdiccional correspondiente de los tribunales de instancia.

(2) Otra opción: **OTROSÍ DIGO:** que conforme a lo dispuesto en el art. 281.1 de la LECrim, esta parte considera que está exenta de prestar fianza.

Escrito de acusación por blanqueo de capitales solicitando decomiso

A TENER EN CUENTA. Por la reforma realizada por la LO 1/2025, de 2 de enero, una vez implantados de forma efectiva los tribunales de instancia (D.T.1.ª), todas las referencias realizadas a los juzgados unipersonales se entenderán realizadas a las secciones del orden jurisdiccional correspondiente de los tribunales de instancia.

Tipo de procedimiento [DESCRIPCION] [NUMERO] de autos

AL JUZGADO DE INSTRUCCIÓN DE [LOCALIDAD]/ A LA SECCIÓN DE INSTRUCCIÓN DEL TRIBUNAL DE INSTANCIA DE [LOCALIDAD] (1)

Don/Doña [NOMBRE_PROCURADOR_CLIENTE], procurador de los Tribunales, en nombre y representación de Don/Doña [NOMBRE_CLIENTE], como tengo debidamente acreditado en autos, con la asistencia del/de la letrado/a Don/Doña [NOMBRE_ABOGADO_CLIENTE], con núm. de colegiado/a [NUMERO] como más procedente sea en Derecho ante el Juzgado/la Sección comparezco y,

DIGO

Evacuando en el plazo concedido el traslado que nos ha sido efectuado a los fines de lo dispuesto en el artículo 780 de la Ley de Enjuiciamiento Criminal, solicitamos la **APERTURA DE JUICIO ORAL** y formulamos **ESCRITO DE ACUSACIÓN** contra Don/Doña [NOMBRE_PARTE_CONTRARIA] con DNI. [NIF] y domicilio en [DOMICILIO] con base en las siguientes

CONCLUSIONES PROVISIONALES

PRIMERA.- HECHOS

El [DIA] de [MES] de [AÑO], el querellado/a anunció en internet, en una página de vehículos de segunda mano, la venta de [DESCRIPCION]. Al ver el anuncio de [DESCRIPCION], Don/ Doña [NOMBRE_CLIENTE] se puso en contacto por teléfono con quien aparecía como vendedor y concertó un contrato de compraventa de [DESCRIPCION], el [DIA] de [MES] de [AÑO], a través de la citada página de internet.

Conforme a las instrucciones recibidas por el supuesto vendedor, Don/Doña [NOMBRE_CLIENTE], acudió a [LUGAR] y entregó el precio del bien en efectivo, sin que el acusado hiciese entrega del bien refiriendo que se realizaría unos días más tarde. A partir de entonces fue imposible contactar con el acusado.

De las diligencias practicadas en esta instrucción puede concluirse que esa cantidad fue ingresada en la cuenta corriente del acusado, del banco [NOMBRE], abierta el [DIA] de [MES] de [AÑO]. Consta asimismo que sus movimientos más frecuentes eran ingresos y reintegros en efectivo de pequeñas cantidades, irregulares y esporádicas.

El [DIA] de [MES] de [AÑO], Don/Doña [NOMBRE_PARTECONTRARIA] recibió en esa cuenta una transferencia de [NUMERO] euros, bajo el concepto «[ESPECIFICAR]», de los que ese mismo día y el siguiente extrajo [NUMERO] euros.

Días más tarde, en [FECHA] el acusado adquirió, dando apariencia de legalidad, el siguiente bien [ESPECIFICAR], con el dinero procedente de la estafa.

SEGUNDA.- CALIFICACIÓN

Que los citados hechos son constitutivos de delito de blanqueo de capitales. Este delito se encuentra tipificado en el artículo 301 del Código Penal, que establece que:

> «1. El que adquiera, posea, utilice, convierta, o transmita bienes, sabiendo que éstos tienen su origen en una actividad delictiva, cometida por él o por cualquiera tercera persona, o realice cualquier otro acto para ocultar o encubrir su origen ilícito, o para ayudar a la persona que haya participado en la infracción o infracciones a eludir las consecuencias legales de sus actos, será castigado con la pena de prisión de seis meses a seis años y multa del tanto al triplo del valor de los bienes. En estos casos, los jueces o tribunales, atendiendo a la gravedad del hecho y a las circunstancias personales del delincuente, podrán imponer también a éste la pena de inhabilitación especial para el ejercicio de su profesión o industria por tiempo de uno a tres años, y acordar la medida de clausura temporal o definitiva del establecimiento o local. Si la clausura fuese temporal, su duración no podrá exceder de cinco años.
>
> La pena se impondrá en su mitad superior cuando los bienes tengan su origen en alguno de los delitos relacionados con el tráfico de drogas tóxicas, estupefacientes o sustancias psicotrópicas descritos en los artículos 368 a 372 de este Código. En estos supuestos se aplicarán las disposiciones contenidas en el artículo 374 de este Código. (...)»
>
> Así se pronuncia el Tribunal Supremo en su sentencia n.º 617/2018, de 3 de diciembre, ECLI:ES:TS:2018:4106, al señalar que: «El delito de blanqueo de capitales requiere acreditar la existencia de un delito previo como origen de los bienes blanqueados; que ese delito es capaz de generar beneficios económicos; la conexión entre dicho delito y los beneficios acreditados, de manera que pueda afirmarse de forma suficientemente consistente que tienen su origen en aquel; y la realización de operaciones, descritas en el tipo, con la finalidad de encubrir u ocultar el origen delictivo de dichos bienes. No es necesaria, sin embargo, una condena previa por el delito origen de los bienes, n tampoco una descripción exhaustiva de la actividad delictiva previa. En este sentido, del artículo 3.3.b) de la Directiva 2018/1673 del Parlamento Europeo y del Consejo de 23 de octubre, se desprende que no es necesario para la condena por delito de blanqueo que se establezcan 'todos los elementos fácticos o todas las circunstancias relativas a dicha actividad delictiva, incluida la identidad del autor'. Ello no reduce, sin embargo, la necesidad de describir suficientemente una conducta que pueda ser constitutiva de delito y que sea el origen de los bienes blanqueados».
>
> Asimismo, la sentencia del Tribunal Supremo n.º 642/2018, de 13 de diciembre, ECLI:ES:TS:2018:4199, dispone que: «La STS 265/2015, de 29 de abril, tras recordar la posibilidad de que el propio autor del delito antecedente pueda perpetrar el delito de blanqueo de capitales respecto de los bienes y recursos obtenidos con ocasión de la comisión de aquel (autoblanqueo), lo que se ha reflejado en reiterada jurisprudencia de esta Sala de la que es expresión el acuerdo de Pleno no jurisdiccional de 18 de Julio de 2006 (SSTS núm. 960/2008, de 26 de Diciembre y 313/2010 de 8 de abril, entre las citadas por la sentencia que trae a colación el recurso), además de venir expresamente recogido en el artículo 301 del Código Penal desde su redacción dada por LO 5/2010, de 22 de junio, recuerda que lo que diferencia el mero disfrute o aprovechamiento de las ganancias ilícitas por parte del autor, del delito de blanqueo cometido por él mismo, es que el tipo penal de blanqueo exige la finalidad de ocultar o encubrir bienes, pero con

el mecanismo de integrar los bienes de origen delictivo en el sistema económico legal y hacerlo con la apariencia de haber sido adquiridos de forma lícita».

TERCERA.- PARTICIPACIÓN

El acusado es autor del delito de blanqueo de capitales tipificado en el artículo 301 del CP.

CUARTA.- CIRCUNSTANCIAS MODIFICATIVAS DE LA RESPONSABILIDAD CRIMINAL

No concurren circunstancias modificativas de la responsabilidad criminal o **(2)**.

QUINTA.- PENA

Procede imponer al acusado una pena de prisión de [NUMERO] [ANIOS], con inhabilitación especial para el derecho de sufragio pasivo por el tiempo de duración de la condena y una multa de [NUMERO] euros. **(3)**

SEXTA.- DECOMISO

Procede el decomiso de los siguientes bienes de los acusados, de conformidad con el artículo 127 del CP:

[ESPECIFICAR]

Se proponen los siguientes **MEDIOS DE PRUEBA (4)**:

1) Interrogatorio [TELEMÁTICO/PRESENCIAL] de la parte acusada **(5)** Don/Doña [NOMBRE_PARTE_CONTRARIA].

2) TESTIFICAL [TELEMÁTICO/PRESENCIAL], a cuyo efecto deben ser citados por el juzgado/sección:

- Don/Doña [NOMBRE] con domicilio en [DIRECCION].

- Don/Doña [NOMBRE] con domicilio en [DIRECCION].

3) DOCUMENTAL, con la lectura de los siguientes folios: [NUMERO]

Por todo ello,

SUPLICO AL JUZGADO/A LA SECCIÓN:

Tenga por presentado este escrito en tiempo y forma, si sirva a admitirlo y, en virtud de lo expuesto, tenga por solicitada la apertura de juicio oral y por formulado escrito de acusación contra Don/Doña [NOMBRE_PARTE_CONTRARIA], con imposición de costas al acusado.

En [LUGAR] a [DIA] de [MES] de [AÑO].

Fdo.: D./D.ª   Fdo.: D./D.ª

[NOMBRE_ABOGADO/A_CLIENTE]   [NOMBRE_PROCURADOR/A_CLIENTE]

---

(1) Por la reforma realizada por la LO 1/2025, de 2 de enero, una vez implantados de forma efectiva los tribunales de instancia (D.T. 1.ª), todas las referencias realizadas a los juzgados unipersonales se entenderán realizadas a las secciones del orden jurisdiccional correspondiente de los tribunales de instancia.

(2) Indicar si concurren en su caso algunas de las circunstancias previstas en el artículo 22 del CP.

(3) La pena es la prevista en el artículo 301 del CP.

(4) Tras la introducción del nuevo artículo 258 bis de la LECrim, a través del Real Decreto-ley 6/2023, de 19 de diciembre, las actuaciones procesales se realizarán preferentemente, salvo que el juez o jueza o tribunal, en atención a las circunstancias, disponga otra cosa, mediante presencia telemática, incluyendo las que se celebren ante los/las letrados/as de la Administración de Justicia o ante el Ministerio Fiscal. En las citaciones se informará de la posibilidad de declarar de forma telemática en las condiciones establecidas en el citado precepto. Esta reforma ha entrado en vigor el 20 de marzo de 2024.

(5) De acuerdo con el nuevo artículo 258 bis de la LECrim:

«2. (...) será necesaria la presencia física del acusado en la sede del órgano judicial de enjuiciamiento en los juicios por delito grave y juicios de Tribunal de Jurado, sin perjuicio de lo previsto en los tratados internacionales en los que España sea parte, las normas de la Unión Europea y demás normativa aplicable a la cooperación con autoridades extranjeras para el desempeño de la función jurisdiccional.

En los juicios por delito menos grave, cuando la pena exceda de dos años de prisión o, si fuera de distinta naturaleza, cuando su duración no exceda de seis años, el acusado comparecerá físicamente ante la sede del órgano de enjuiciamiento si así lo solicita este o su letrado, o si el órgano judicial lo estima necesario. La decisión deberá adoptarse en auto motivado.

En el resto de juicios, cuando el acusado comparezca, lo hará físicamente ante la sede del órgano de enjuiciamiento si así lo solicita él o su letrado, o si el órgano judicial lo estima necesario. La decisión deberá adoptarse en auto motivado.

En todo caso, en los procesos y juicios, cuando el acusado resida en la misma demarcación del órgano judicial que conozca o deba conocer de la causa, su comparecencia en juicio deberá realizarse de manera física en la sede del órgano judicial o enjuiciamiento, salvo que concurran causas justificadas o de fuerza mayor.

Cuando se disponga la presencia física del investigado o acusado, será también necesaria la presencia física de su defensa letrada. Cuando se permita su declaración telemática, el abogado del investigado o acusado comparecerá junto con este o en la sede del órgano judicial. Cuando el acusado decida no comparecer en la sede del órgano judicial, deberá notificarlo con, al menos, cinco días de antelación».

Escrito de defensa por delito de blanqueo de capitales

> **A TENER EN CUENTA**. Por la reforma realizada por la LO 1/2025, de 2 de enero, una vez implantados de forma efectiva los tribunales de instancia (D.T. 1.ª), todas las referencias realizadas a los juzgados unipersonales se entenderán realizadas a las secciones del orden jurisdiccional correspondiente de los tribunales de instancia.

S/Ref: [NÚMERO]

Procedimiento: [NÚMERO]

AL JUZGADO DE INSTRUCCIÓN DE [LOCALIDAD]/ A LA SECCIÓN DE INSTRUCCIÓN DEL TRIBUNAL DE INSTANCIA DE [LOCALIDAD] (1)

D./D.ª [NOMBRE PROCURADOR CLIENTE], procurador de los tribunales, en nombre y representación de D./D.ª [NOMBRE CLIENTE], como tengo debidamente acreditado en autos, con la asistencia del/de la letrado/a D./D.ª [NOMBRE ABOGADO CLIENTE], con n.º de colegiado/a [NÚMERO] como más procedente sea en Derecho ante el Juzgado/la Sección comparezco y

DIGO

Evacuando en el plazo concedido el traslado que nos ha sido efectuado a los fines de lo dispuesto en el artículo 784 de la LECrim, por medio del presente escrito vengo a formular **ESCRITO DE DEFENSA** conforme a las siguientes:

ALEGACIONES

PRIMERA.- Negamos el correlativo primero relativo a los hechos manifestados por la acusación particular, así como la acusación por el Ministerio Fiscal, por no haber actuado mi mandante en los términos descritos.

Mi representado/a D./D.ª [NOMBRE CLIENTE] no reconoce los hechos imputados, negando la comisión del delito de blanqueo de capitales tipificado en el artículo 301 del CP por cuanto no ha llevado a cabo ninguna de las siguientes de las acciones tipificadas en aquel artículo para ocultar o encubrir el origen de los bienes supuestamente provenientes del delito cometido por D./D.ª [NOMBRE].

SEGUNDA.- La relación de hechos descrita no es constitutiva de delito tipificado en el artículo 301 del CP.

TERCERA.- Al no existir delito, quedan excluidas formas de participación y circunstancias modificativas de responsabilidad criminal.

CUARTA.- Se interesa que se decrete la libre absolución del procesado por ser inocente de los hechos que le inculpan.

QUINTA.- No procede imponer pena alguna y sí acordar la libre absolución del/la imputado/a con las consecuencias legales inherentes al pronunciamiento invocado.

SEXTA.- Se proponen los siguientes medios de prueba **(2)**:

- Testificales de D./D.ª [NOMBRE] con domicilio en [DOMICILIO] y D./D.ª [NOMBRE].
- Documental consistente en [DOCUMENTO] que obra en autos.

Por todo lo expuesto,

SUPLICO AL JUZGADO/A LA SECCIÓN:

Tenga por presentado este escrito de defensa y por evacuado el trámite conferido en el artículo 784.1 de la LECrim, interesando que se admitan las pruebas propuestas para el acto del juicio y se ordene lo necesario para su práctica, acordando la libre absolución de mi representado.

Por ser justicia que pido en [LUGAR] a [FECHA].

Fdo.: D./D.ª   Fdo.: D./D.ª

[NOMBRE_ABOGADO/A_CLIENTE]   [NOMBRE_PROCURADOR/A_CLIENTE]

Fdo. [NOMBRE ENCAUSADO]

---

(1) Por la reforma realizada por la LO 1/2025, de 2 de enero, una vez implantados de forma efectiva los tribunales de instancia (D.T. 1.ª), todas las referencias realizadas a los juzgados unipersonales se entenderán realizadas a las secciones del orden jurisdiccional correspondiente de los tribunales de instancia.

(2) Tras la introducción en la LECrim del nuevo art. 258 bis a través del Real Decreto-ley 6/2023, de 19 de diciembre, las actuaciones procesales se realizarán preferentemente, salvo que el juez o jueza o tribunal, en atención a las circunstancias, disponga otra cosa, mediante presencia telemática, incluyendo las que se celebren ante los/las letrados/as de la Administración de Justicia o ante el Ministerio fiscal. En las citaciones se informará de la posibilidad de declarar de forma telemática en las condiciones establecidas en el citado precepto. Esta reforma ha entrado **en vigor el 20 de marzo de 2024.**

Escrito de denuncia por delito de omisión del deber de perseguir delitos y cohecho

> **A TENER EN CUENTA** Por la reforma realizada por la LO 1/2025, de 2 de enero, una vez implantados de forma efectiva los tribunales de instancia (D.T. 1.ª), todas las referencias realizadas a los juzgados unipersonales se entenderán realizadas a las secciones del orden jurisdiccional correspondiente de los tribunales de instancia.

AL JUZGADO DE INSTRUCCIÓN DE [CIUDAD] **QUE POR TURNO DE REPARTO CORRESPONDA / A LA SECCIÓN DE INSTRUCCIÓN DEL TRIBUNAL DE INSTANCIA DE** [LOCALIDAD] **QUE CORRESPONDA (3)**

Don/Doña [NOMBRE_PROCURADOR_CLIENTE], Procurador de los Tribunales, en nombre y representación de Don/Doña [NOMBRE_CLIENTE], con domicilio en esta ciudad [DOMICILIO_CLIENTE], y provisto de DNI número [NÚMERO] lo que acredito mediante escritura de poder general para pleitos, para su unión a los autos por copia testimoniada con devolución de aquella, previo testimonio en autos, con la asistencia del/de la Letrado/a Don/Doña [NOMBRE_ABOGADO_CLIENTE], con núm. de colegiado/a [NÚMERO_COLEGIADO_ABOGADO_CLIENTE] como más procedente sea en Derecho ante el Juzgado/la Sección comparezco y

DIGO

Que por medio del presente escrito y conforme se dispone en el artículo 265 de Ley de Enjuiciamiento Criminal **(1)** vengo a formular **DENUNCIA** contra Don/ Doña [NOMBRE_PARTECONTRARIA] por un **DELITO DE OMISIÓN DEL DEBER DE PERSEGUIR DELITOS** del artículo 408 del Código Penal, y un **DELITO DE COHECHO** del artículo 419 del Código Penal, tal y como se detalla a continuación.

HECHOS (2)

I.- Don/Doña [NOMBRE_PARTECONTRARIA], policía local del Ayuntamiento de [CIUDAD] permitió en las fechas de [FECHA_1], [FECHA_2] y [FECHA_3], que se realizaran [ESPECIFICAR] en la localidad de [LOCALIDAD].

II.- Don/Doña [NOMBRE_PARTE_CONTRARIA], recibió a cambio de no actuar, la cantidad de [CANTIDAD] euros, por parte de Don/Doña [NOMBRE], [ESPECIFICAR].

A los expresados hechos le son de aplicación los siguientes

FUNDAMENTOS DE DERECHO

Que los citados hechos podrían ser constitutivos de delito del **artículo 408 del Código Penal**:

> «La autoridad o funcionario que, faltando a la obligación de su cargo, dejare intencionadamente de promover la persecución de los delitos de que tenga noticia o de sus responsables, incurrirá en la pena de inhabilitación especial para empleo o cargo público por tiempo de seis meses a dos años».

Y del **artículo 419 del Código Penal**:

> «La autoridad o funcionario público que, en provecho propio o de un tercero, recibiere o solicitare, por sí o por persona interpuesta, dádiva, favor o retribu-

ción de cualquier clase o aceptare ofrecimiento o promesa para realizar en el ejercicio de su cargo un acto contrario a los deberes inherentes al mismo o para no realizar o retrasar injustificadamente el que debiera practicar, incurrirá en la pena de prisión de tres a seis años, multa de doce a veinticuatro meses, e inhabilitación especial para empleo o cargo público y para el ejercicio del derecho de sufragio pasivo por tiempo de nueve a doce años, sin perjuicio de la pena correspondiente al acto realizado, omitido o retrasado en razón de la retribución o promesa, si fuera constitutivo de delito».

Por lo expuesto, **AL JUZGADO/A LA SECCIÓN SOLICITO**:

Que teniendo por presentado este escrito, con sus copias se sirva admitir la presente **DENUNCIA** por **DELITO DE OMISIÓN DEL DEBER DE PERSEGUIR DELITOS,** y por **DELITO DE COHECHO,** acordar la tramitación de la misma con la mayor urgencia, así como investigar los hechos denunciados al objeto de esclarecer las eventuales responsabilidades penales dimanantes de los mismos.

En [CIUDAD], a [DÍA] de [MES] de [AÑO].

Fdo.: [FIRMA]

---

(1) El RD-Ley 6/2023, de 19 de diciembre modificó el artículo 265 de la Ley de Enjuiciamiento Criminal, de modo que la denuncia tendrá que identificar al denunciante y contener la narración circunstanciada del hecho. En su caso, identificará a la persona física que denuncie en nombre de una entidad con o sin personalidad jurídica, indicando su relación con esta. Igualmente, si fueran conocidas, identificará a las personas que hayan cometido el hecho, que lo hayan presenciado o tengan información sobre él, indicándola existencia de cualquier fuente que pueda servir para esclarecer el hecho denunciado.

Asimismo, también ha sido modificado el artículo 266 de la Ley de Enjuiciamiento Criminal por la LO 1/2025, de 2 de enero, con efectos de 3 de abril de 2025, quedando su redacción como se expone a continuación:

«La denuncia que se haga por escrito deberá estar firmada por el denunciante de forma autógrafa o manuscrita, si es presencial, y si no pudiere hacerlo, por otra persona a su ruego; o si se interpone por vía telemática, con firma electrónica conforme a lo establecido en artículo 10 de la Ley 39/2015, de 1 de octubre, del Procedimiento Administrativo Común de las Administraciones Públicas y en el Reglamento (UE) n.º 910/2014 del Parlamento Europeo y del Consejo, de 23 de julio de 2014, relativo a la identificación electrónica y los servicios de confianza para las transacciones electrónicas en el mercado interior y por la que se deroga la Directiva 1999/93/CE. En el caso de las personas jurídicas, se firmará con certificado electrónico cualificado con atributo de representante o los medios previstos en la regulación de firma digital que permitan identificar la persona jurídica, así como la persona física que formula la denuncia.

No se podrán denunciar por vía telemática aquellos hechos que se hayan producido con violencia o intimidación, ni si tienen autor conocido, ni si existen testigos, ni si el denunciante es menor de edad, ni si se ha cometido delito flagrante, ni aquellos hechos de naturaleza violenta o sexual».

(2) Descripción de los hechos con la mayor exactitud posible y las demás circunstancias y pormenores de lo ocurrido.

(3) En virtud de lo dispuesto en la disposición adicional primera de la LO 1/2025, de 2 de enero, una vez constituidos e implantados de forma efectiva los Tribunales de Instancia, las referencias realizadas a los juzgados unipersonales se entenderán referidas a las secciones del orden jurisdiccional correspondiente de los Tribunales de Instancia.